.... 님께

언젠가는 꿈을 이룰 당신에게
그래서 또 다른 이의 꿈이 되어 줄 당신에게
이 책을 선물합니다
당신의 꿈을 응원하겠습니다

.... 드림

내가 꿈을 이루면
나는 누군가의 꿈이 된다

If I come true my dream, I will be somebody's dream

내가 꿈을 이루면 나는 누군가의 꿈이 된다

이도준 지음

황소북스

A deram is not something that
you wake up from,
but something that wakes you up.
– Charlie Hedges

**꿈이란 당신이 잠에서 깨어나며
잊어버리는 그 무엇이 아니라,
당신을 잠에서 깨우는 그 무엇이다.**

-찰리 헤지스

프롤로그

한 사람의 꿈은
작은 꿈으로 남지만
만인의 꿈은 현실이 된다

"고기를 잡아주기보다는 고기 잡는 법을 알려주라."

유대인의 지혜를 담은 《탈무드》에 나오는 말이다. 아마 한 번쯤 들어보았을 것이다. 완성된 무언가를 주기보다는 지속적으로 만들 수 있는 노하우를 알려주라는 뜻이다. 하지만 현대 사회에서 노하우는 이제 중요한 이슈가 아니다. 인터넷의 발달과 소셜 커뮤니티의 등장으로 노하우는 찬밥 신세가 되었다.

궁금하거나 배우고 싶은 것이 있으면 검색창에 단어 몇 개만 넣어도 수많은 정보와 노하우가 눈앞에 펼쳐진다. 예전에는 전문가들만 공유했던 음식 레시피나 여행 정보, 마술의 테크닉 등이 그 대표적인 예이다. 심지어는 집에서 폭탄을 제조할 수 있는 노하우도 마음만 먹으면 얼마든지 구할 수 있다.

내 의사 친구는 요즘 할 일이 없다고 푸념한다. 상담받으러 온 환자들이 자신의 병에 대해 인터넷에 구한 전문적인 지식을 들이대며 치료 방법까지 알려준다는 것이다. 프린터로 출력한 용지에는 중요한 부분에 형광펜이 그어져 있고, 환자들의 입에서는 의사들만 사용하는 전문용어가 술술 나온다. 물론 환자가 자신의 병에 대해 관심을 가지는 것은 좋은 일이다. 하지만 이런 노하우의 맹신 또는 자신감은 자칫 환자의 건강 상태를 악화시키는 원인이 된다.

마음만 먹으면 언제 어디서든 자신이 원하는 것을 쉽게 구할 수 있는 노하우의 홍수 현상. 그래서 몇몇 미래학자는 이제 노하우 시대는 끝났다고 이야기한다. 그들의 주장에 의하면 현대 인터넷 사회에서는 노하우보다 노웨어know-where와 노후know-who에 초점을 맞춰야 한다고 말한다. 즉 노하우나 정보가 어디에 있고 누구를 만나야 손쉽고 정확하게 찾을 수 있느냐가 더 중요하다는 것이다.

다시 《탈무드》로 돌아가 보자. 고기 잡는 노하우를 알려주라는 가르침은 이제 유통기한이 다 되었다. 지금부터는 어디에 가야 고기를 많이 잡을 수 있고, 누구를 만나야 더 크고 싱싱한 고기를 낚을 수 있는지 알려줘야 한다.

여기서 멈춰서는 안 된다. 가장 중요한 점은 '왜 고기를 잡아야 하는지'를 반드시 알려줘야 한다는 것이다. 더 나아가 고기를 잡으면 어떤 일이 생기고 어떤 변화가 일어나는지도 알려줘야 한다. 이런 모티베이션과 미션이 노하우, 노웨어, 노후 시대에 꼭 필요하다.

꿈도 마찬가지이다.

우리는 꿈에 대한 이야기를 수시로 듣는다.

"꿈을 갖는 것은 중요해. 꿈이 없는 인생은 지옥과도 같아."

"꿈이 없는 사람은 미래가 없어."

"꿈은 반드시 이루어진다."

간혹 어른들이나 친구들이 "넌 꿈이 뭐니?"라고 물으면 잠시 망설이게 된다. '네 꿈이 뭐였지?' 하며 생각하게 된다. 어느새 우리는 꿈을 잊고 하루하루를 살아가고 있는 것이다. 지금 공부하기도 바쁘다, 취직 걱정 때문에 잠이 안 온다, 자녀 교육 때문에 내 꿈은 '꿈'도 못 꾼다 등등 수많은 핑곗거리가 등장한다. 꿈을 이루겠다는 자신만의 미션이나 동기 부여가 없다.

"내가 꿈을 이루면 나는 누군가의 꿈이 된다."

그래서 이 책이 탄생했다.

이제부터 여러분은 왜 꿈을 가져야 하고 꿈을 가지면 인생이 어떻게 바뀌는지 하나하나 알아가게 될 것이다. 그래서 "오늘 내가 헛되이 보낸 시간은 어제 죽은 이가 그토록 그리던 내일이다"라는 말이 무엇을 의미하는지 알게 될 것이다. 이 책은 꿈을 이루기 위해 노력하되 마음속에 늘 자신이 이룬 꿈이 누군가의 또 다른 꿈이 된다는 사명감과 책임의식을 가졌으면 하는 바람에서 시작되었다.

여러분이 이 책에서 만나게 될 여러 위인의 일화와 과학자와 심리학자들의 실험 등이 당신의 선택을 도와줄 것이다.

레오나르도 다빈치가 하늘을 나는 꿈을 품지 않았다면 라이트 형제의 비행기와 헬리콥터는 없었을 것이다. 비행기가 없었다면 닐 암스트롱이 달에 착륙하지 못했을 것이다. 암스트롱이 달은 밟는 장면을 본 수많은 과학자는 지금도 누군가의 또 다른 꿈이 되기 위해 연구를 거듭하고 있다.

엄홍길 대장이 아시아 최초로 8000미터급 14좌를 등반하지 않았다면 박영석과 한완용 대장도 나오지 않았을 것이다. 14좌를 완등한 전 세계 산악인 12명 중에 대한민국에만 3명이 존재하는 영광도 누릴 수 없었을 것이다.

박지성이 처음으로 프리미어리그에 진출하는 꿈을 꾸지 않았다면 기성용, 지동원 등 10명이 넘는 선수의 탄생은 먼 훗날 이야기가 되었을 것이다. 박찬호가 있었기에 류현진을 비롯한 수많은 야구 선수가 메이저리그의 꿈을 이루었다. 그리고 류현진은 다시 누군가의 꿈의 되기 위해 열심히 뛰고 있다.

미국의 케네디 대통령을 직접 만나 악수까지 나눈 두 소년은 그날부터 꿈을 키웠다. 훗날 한 소년은 미국 대통령이 되었고, 다른 소년은 UN 사무총장이 되었다. 둘 다 연임했다. 바로 빌 클린턴과 반기문 총장이다.

꿈의 힘은 이렇게 전염성이 강하고 파급효과가 크다. 당신이 만약 어떤 꿈을 이루기 위해 노력하고 있거나 혹은 지금 당장 꿈이 없더라도 이 책의 제목《내가 꿈을 이루면 나는 누군가의 꿈이 된다》만은 꼭 기억했으면 한다. 꿈으로 향한 여행길에서 지치고 힘들 때마다 이 문구를 되새기면 흐트러진 마음을 다잡았을 수 있을 것이다. 백범 김구 선생이 좌우명으로 삼은 서산대사의 시 〈야설〉夜雪에는 이런 구절이 나온다.

눈 덮인 들판을 걸을 때 함부로 어지러이 걷지 마라.
오늘 내가 남긴 발자취는 뒷사람의 이정표가 되리니.

이 책의 메시지는 단순하다. 꿈을 이루기 위해 앞만 보고 달려가기보다는 누군가의 꿈이 되기 위해 '꿈'을 꾸라는 것이다. 잘 생각해보면 이 말의 숨겨진 진정한 의미가 무엇인지 알 것이다.

이 책을 통해 누군가가 꿈을 키우고, 그 꿈을 보고 더 큰 꿈을 꾸고 마침내 그 꿈이 모든 이에게 좋은 씨앗이 되고 영양분이 된다면 더할 나위가 없겠다.

결코 자신만을 위해 꿈을 꾸지 마라. 한 사람의 꿈은 작은 꿈으로 남지만 여러 사람의 꿈은 현실이 된다는 사실을 잊지 마라.

여러분의 건투를 빈다!

목차

프롤로그

Part 1 꿈을 이루기 위한 일곱 가지 핵심 원칙

01 작은 습관 하나가 꿈의 방향을 바꾼다 ················· **017**
02 피나는 노력은 가장 믿을만한 동지이다 ················· **025**
03 꿈은 강한 의지 속에서 태어나고 자란다 ················ **031**
04 지속적인 열정이 꿈을 현실로 바꾼다 ·················· **037**
05 사랑은 꿈을 강하게 만드는 촉진제이다 ················· **043**
06 백 명의 친구보다 한 명의 라이벌이 낫다 ················ **049**
07 상상력은 꿈의 문턱을 넘나드는 바람과 같다 ············· **057**

Part 2 꿈을 완성시키는 일곱 가지 성공 전략

08 버킷리스트보다는 드림리스트를 먼저 작성하라 ·········· **067**
09 꿈을 이루기 위해서는 자이가르닉 효과의 마술사가 되라 ······ **075**
10 꿈을 찾기 위해서는 하나의 세계를 깨뜨려야 한다 ·········· **080**
11 터닝 포인트에 집착하기보다는 나만의 티핑 포인트를 찾아라 ··· **086**
12 꿈과 목표를 위해 공개 선언 효과를 활용하라 ············· **097**
13 돈과 명예보다는 자신이 좋아하는 일을 해라 ·············· **106**
14 건강은 꿈이라는 식물을 자라게 하는 밑거름이다 ··········· **114**

목차

Part 3 꿈꾸지 않으면 아무것도 이룰 수 없다

15 모든 위대한 일의 처음은 불가능한 것이었다 ·············· 129
16 꿈과 목표는 단순하면 단순할수록 좋다 ················ 135
17 일생일업에 포커스를 맞추고 꿈을 향해 달려라 ············ 139
18 꿈은 자기 믿음을 먹고 자란다 ······················ 144
19 실패한 적이 없다는 것은 아무것도 하지 않았다는 뜻이다 ······ 149
20 꿈을 이룬다는 것은 끊임없이 연습한다는 것이다 ············ 159
21 게으름이라는 악성 바이러스를 꿈의 백신으로 치료하라 ········ 167

Part 4 생생하게 꿈꾸면 반드시 이루어진다

22 가슴 가득 꿈을 안고 리빙 포인트를 향해 달려라 ············ 177
23 살고자 하는 의지보다 더 강한 것은 없다 ················ 185
24 꿈은 불행과 행복 사이에서 태어난 쌍둥이 형제이다 ·········· 189
25 간절한 꿈이 있다면 두려움과 정면승부를 벌여라 ············ 195
26 성공은 가장 많이 인내하는 자에게 주어지는 선물이다 ········ 203
27 새우잠을 자더라도 고래 꿈을 꿔라 ··················· 212

에필로그
참고 문헌

Dream

Part 01

꿈을 이루기 위한 일곱 가지 핵심 원칙

If I come true my dream, I will be somebody's dream

If I come true my dream, I will be somebody's dream

주위를 둘러보라.
당신의 도움을 필요로 하는 사람의 목소리가
들리지 않는지 귀 기울여보라. 사랑으로 그들을 바라보라.
가슴 뜨겁고 깊이 사랑할 줄 아는 사람은
다른 분야에서도 그만큼 뜨거울 수 있다.
남을 사랑하는 마음이야말로
인간이 만든 최고의 발명품이 아닐까?

01
작은 습관 하나가
꿈의 방향을 바꾼다

한 기자가 빌 게이츠 회장에게 물었다.
"세계 최고의 부자가 될 수 있었던 성공 비결은 무엇입니까?"
빌 게이츠는 주저하지 않고 딱 한마디로 대답했다.
"다른 사람의 좋은 습관을 내 습관으로 만들면 됩니다."
이 일화는 습관이 얼마나 중요한지를 단적으로 보여준다.

습관이란 처음 길들이긴 어렵지만 몸에 익숙해지고 나면 자연스러워진다. 처음 운전 배울 때를 기억해보라. 차에 시동을 걸고 액셀러레이터를 밟아 출발시키고 신호등 앞에 멈추는 것이 얼마나 어려웠는가? 액셀러레이터와 브레이크를 혼동해 사고를 일으키기도 하고 차선을 벗어나기도 한다.

하지만 도로 주행을 무사히 마치고 '운전은 초보, 건들면 람보', '답답하시죠? 저는 환장하겠습니다', '차주, 성격 있습니다', '당황하면 후진합니다', '가까이 오지마, 빵구똥구야!', '3시간째 직진 중!' 같은 초보운전 딱지를 붙이고 몇 개월만 운전하다 보면 습관이 저절로 몸에 배이게 된다.

처음에는 옆을 볼 여유도 없이 두 손을 꼭 잡고 앞만 보고 달리지만, 익숙해지면 여러 가지 일을 동시에 할 수 있는 경지에까지 오르게 된다. 갑자기 튀어나온 오토바이나 자전거를 보고 무의식적으로 브레이크를 밟아 사고를 막고, 창문을 내리고 한쪽 팔을 창가에 기댄 채 바깥 풍경을 즐기며 한 손으로 운전하기도 한다.

이렇듯 습관이란 여러 번 되풀이함으로써 저절로 익히고 굳어진 행동이나 고치기 어렵게 된 성질이다. 우리는 하루하루를 습관을 시계추 삼아 살아가고 있다. 아침에 일어나면 세수하고 식사하고 옷 입고 출근하는 모든 과정이 습관의 반복이다.

특정한 TV 프로그램을 빠짐없이 챙겨보거나 인터넷이나 스마트폰을 통해 특정한 무엇인가를 반복적으로 하는 것도 길들여지고 굳어진 습관 때문이다.

습관의 힘은 여러분이 생각하는 것 이상 강하다. 딱 3주 동안만 여러분의 일과를 빠짐없이 기록해보라. 그러면 그중에서 매일 반복하는 일이 나올 것이다. 한 가지일 수도 있고, 수십 개일 수도 있다. 그게 바로 당신에게만 있는 고유한 습관이다.

습관에 대한 통찰이 번뜩이는 책《습관의 힘》을 쓴 찰스 두히그. 하버드 MBA 출신〈뉴욕타임스〉심층보도 기자인 그는 700여 편의 학술 논문과 300여 명의 과학자와 경영자를 인터뷰한 후 이 책을 써서 전 세계적인 베스트셀러 작가가 되었다.

"습관을 구성하는 요소는 신호, 반복적 행동, 보상이다!"

위의 한 문장이 이 책의 핵심이다.

찰스에게는 매일 오후 쿠키를 사 먹는 습관이 있었다. 그런데 좀처럼 쿠키의 유혹을 뿌리칠 수 없었다. 더욱 나쁜 것은 쿠키 때문에 체중이 늘어나고 있다는 것이다. 찰스는 어떻게 하면 쿠키를 끊을 수 있을까 생각했다. 그래서 이 책을 집필하기 시작했다. 찰스는 습관의 형성 과정을 자신의 습관에 빗대 설명한다.

첫 번째는 신호다. 두히그는 항상 오후 3시에서 3시 30분에 쿠키를 먹고 싶다는 유혹을 느낀다. 그 다음은 반복적 행동이다. 신호를 느낀 두히그는 쿠키를 먹기 위해 반복적으로 뉴욕타임스 건물 14층에 있는 카페에 가서 쿠키를 사 먹으며 동료들과 수다를 떤다. 마지막 단계는 보상이다. 습관이 형성되는 가장 강력한 원인이다. 두히그는 쿠키가 주는 보상을 알아내기 위해 카페로 가는 대신 동네를 돌거나 초콜릿을 먹는 등 다양한 시도를 했다. 그 결과 그의 습관은 쿠키와는 무관하다는 사실을 밝혀냈다.

두히그는 단지 사람들과 어울리고 싶었을 뿐이다. 쿠키를 먹기 위해 14층에 가면 사람들이 모여 있어 대화를 나누다 보면 어느새 스트레스가 풀렸던 것이다. 두히그는 자신의 습관을 새롭게 형성하기 시작했다. 오후 3시 30분쯤 되면 자리에서 일어나 친구와 10분 정도 수다를 떨다가 돌아왔다. 어느 날은 공원을 산책하며 행인들과 수다를 떨기도 했다.

두히그의 일화는 우리에게 많은 것을 시사한다. 그는 습관이 형성되는 과정을 신호, 반복적 행동, 보상으로 이루어진다는 사실을 밝혀냈다. 중요한 것은 두히그가 나쁜 습관을 버리고 새로운 습관을 가지려고 노력했다는 것이다. 나쁜 습관을 버리려고 노력하는 것은 좋은 습관을 갖는 것보다 훨씬 중요한 문제이다.

루돌프 줄리아니Rudolph Giuliani 전 뉴욕 시장을 기억하는가?

2001년 9.11 테러 당시 뉴스를 지켜보던 사람들은 경악과 분노로 들끓었다. 믿기지 않는, 결코 믿고 싶지 않은 대사건이었다. 민간 여객기를 이용하여 뉴욕의 심장부를 강타한 테러로 수천만 명이 죽거나 부상당했다. 사람들이 절망 속에서 몸부림 치고 있을 때 매시간 TV에 나와 사상자 수를 직접 발표하고 소방대원, 경찰, 자원봉사자들과 함께 위험한 현장을 뛰어다닌 사람이 바로 루돌프 줄리아니 전 뉴욕 시장이다. 뉴욕이 생긴 이래 최대의 참사였지만 줄리아니는 이 사태를 통해 미국인들이 가장 믿을 수 있는 리더가 되었다.

이탈리아계 미국인이었던 줄리아니는 1965년 맨해튼 칼리지를 졸업한 뒤 법대로 진학, 뉴욕 검사로 재직하며 마약조직 범죄와 부정부패 등 주로 강력 범죄를 집중 단속해 명성을 날렸다. 하지만 줄리아니가 처음으로 시장에 당선되었던 1993년 뉴욕은 세계 최대의 범죄 도시였다. 백주대낮에도 살인과 강간이 일어나는 등 강력 범죄가 난무할 만큼 치안 상태가 엉망이었다. 줄리아니는 '법과 질서 수호'를 선언하며 말했다.

"우선 지하철 낙서 행위와 타임스스퀘어의 성매매부터 뿌리 뽑겠습니다."

전직 검사였던 줄리아니의 발표에 반대 세력들이 코웃음을 쳤다.

"줄리아니가 단단히 겁을 먹었군. 강력 범죄부터 막아야지 시시한 경범죄부터 뿌리 뽑겠다니. 하하하."

하지만 줄리아니의 생각은 달랐다. 그의 정책은 다름 아닌 '깨진 유리창 이론'Broken Window Theory에 근거한 것이다. 이는 깨진 유리창처럼 사소한 것들을 방치해두면 나중에는 큰 범죄로 이어진다는 범죄심리학 이론으로 제임스 윌슨과 조지 켈링에 의해 명명된 유명한 이론이다.

건물 주인이 건물의 깨진 유리창을 그대로 방치해두면, 지나가는 행인들은 그 건물을 관리를 포기한 건물로 판단하고 돌을 던져 나머지 유리창까지 모조리 깨뜨리게 된다. 나아가 그 건물에서는 절도나 강도, 방화 같은 강력 범죄가 일어날 확률도 높아진다. 즉, '깨진 유리창 법칙'은 어느 작은 부분때문에 큰일로 번져 망칠 수도 있음을 뜻한다.

'작은 구멍 하나가 배를 침몰시킨다.'

줄리아니는 그 사실을 누구보다 잘 알고 있었던 것이다. 줄리아니의 명을 받은 뉴욕 경찰들은 방치된 자동차, 뒷골목의 부랑아 등에 대해 즉각적인 경고와 범죄 예방 조치를 취했다. 그러자 불과 4년 만에 연 2천 2백여 건에 달했던 살인 범죄가 48퍼센트로 줄어들었고, 강력 범죄도 40퍼센트 이상 감소했다. 암흑과 공포의 도시가 안전한 도시로 탈바꿈한 것이다.

눈을 감고 생각해보라. 자신의 말버릇이나 생활습관 중에 '깨진 유리창'이 없는지. 작은 습관 하나하나를 전부 살펴봐야 한다. 혹 여러분의 주변에 깨진 유리창의 파편이 남아 있다면 반드시 그걸 먼저 치워야 한다. 그 파편을 당장 손보지 않으면 집 전체가 망할 수도 있다. 사소한 습관 하나가 여러분의 인생을 송두리째 바꿀 수도 있다.

깨진 유리창을 치우면서 여러분이 할 일이 또 하나 있다.

그건 바로 좋은 습관을 새롭게 몸에 익히는 것이다. 새로운 습관을 가지는 데 걸리는 시간은 사람에 따라 크게 다를 수 있다. 때로 긴박한 상황에 처했을 경우 새로운 습관이 한순간에 작용될 수 있다. 그러나 새로운 습관을 들이는데 평균 몇 년씩 걸리는 게 보통이다.

좋은 습관은 저절로 형성되는 것이 아니라 의식적인 노력에 달려 있다. 어떠한 습관이든 반복적인 연습을 통해 내 것으로 삼을 수 있다. 그렇게 함으로써 내가 실천하는 의도대로 패턴과 지속성을 가질 수 있게 된다. 좋은 습관을 마음대로 통제함으로써 스스로 운명을 개척하는 것이 가능해지는 것이다. 내가 형성하는 모든 습관을 의식적으로 선택할 수 있다면 비로소 내 인생을 스스로 개척하는 것이 가능해진다.

여러분의 꿈을 이루게 해주는 행동을 습관화하는 데 있어 중요한 것은 자신이 생각하는 바를 통제하는 데 있다. 그렇게 함으로써 어떤 습관을 형성할지 스스로 결정하고 결국 장래의 내 인생을 결정할 수 있게 된다.

성공한 위인의 대부분은 습관의 중요성을 잘 알고 있었다.

GE를 세계적인 기업으로 올려놓은 잭 웰치에게는 문득 스쳐가는 생각 하나라도 아이디어로 만들 수 있도록 평상시 메모하는 습관이 있었다.

삼성그룹 창업자 이병철 회장도 자기반성용으로 메모를 습관화했다. 그는 퇴근해서 집으로 돌아가면 그날 만난 사람들, 그 사람들과의 대화 내용, 미심쩍은 점, 어떤 영향이 있을 것인지 등을 다시 메모하고, 늘 메모를 확인했다. 삼성그룹을 자문했던 이창우 교수는 오늘날 삼성의 조직 문화가 이병철의 메모 습관에서 비롯되었다고 평가할 정도였다.

누구에게나 친근하게 다가가 포옹하며 편안하게 대해주는 오프라 윈프리의 습관은 그녀를 '토크쇼의 여왕'으로 만들었다. 천재 투자자이자 세계 갑부인 워런 버핏에게는 보통 사람보다 다섯 배나 많은 책을 읽는 습관이 있었다. 세계적인 저술가인 스티븐 코비는 이렇게 말했다.

"참된 변화는 내면에서부터 시작되어야 한다. 나뭇잎을 쳐내는 것과 같은 응급처치식 방법으로는 태도와 행동을 바꿀 수 없다. 이것은 뿌리, 즉 사고의 바탕이자 기본인 패러다임을 바꿈으로써만 가능하다. 이 패러다임은 우리의 성품을 결정하고, 우리가 세상을 보는 관점의 렌즈를 창조해준다."

 나쁜 습관이 부끄러운 것이 아니라 나쁜 습관을 고치지 못하는 것이 더 부끄러운 일이다. 나쁜 습관을 무리해서 끊기보다는 기존의 습관을 새로운 습관으로 교체하려는 지혜가 필요하다.

02

피나는 노력은 가장 믿을만한 동지이다

한 게으름뱅이 노숙자가 하나님에게 기도했다.

"하나님, 저는 태어나서 마흔이 넘도록 한 번도 배불리 먹거나 풍족한 돈을 가져본 적이 없습니다. 이제 제 나이도 어느덧 마흔이 넘었습니다. 다른 것은 필요 없습니다. 이번 한번만 꼭 로또에 맞게 해주세요. 꼭 부탁드립니다."

간절한 기도가 하늘에 닿았는지 하나님의 목소리로 들려왔다.

"로또부터 사고 소원을 빌거라."

노력하지 않는 사람은 결코 성공할 수 없다. 노력하지 않는 사람은 게으름뱅이거나 뻔뻔한 사람이 된다. 노력이라는 말을 사전에서 찾아보면 목적을 이루기 위하여 몸과 마음을 다하여 애를 쓰는 것이라고 나와 있다. 여기서 중요한 게 있다.

<u>어떠한 목적을 달성하기 위해 하루 10시간을 투자했다고 해서 그걸 노력이라고 불러서는 안 된다는 것이다. 노력이란 단지 노동에 소모한 물리적 시간이 아니라 '노동에 투입한 정력과 열성'을 의미하기 때문이다.</u>

공부나 일을 하기 위해 하루 10시간씩 책상에 앉아 있다고 해서 그걸 노력이라고 부를 수 없다. 그건 마치 로또도 사지 않고 대박을 바라는 게으름뱅이 노숙자와 다름없다.

"신은 재능을 주시고 노력은 그 재능을 천재로 만든다."

세계 발레 역사상 가장 위대한 발레리나 중 한 명으로 칭송받고 있는 안나 파블로바의 말이다. 노력도 일종의 능력이다. 가만히 앉아 있기만 해서는 안 된다. 끊임없이 무언가를 찾고 끊임없이 부딪혀야 한다. 사람들은 가만히 누워 감이 떨어질 때까지 기다리는 것을 노력이라고 부르지 않는다.

헤밍웨이의 말을 들어보자.

"사람은 모든 길을 갈 수 없다. 성공은 한 분야에서 얻어야 하며, 우리 직업은 오직 하나의 인생 목표로 삼아야 하며, 다른 모든 것은 이것에 종속되어야 한다. 나는 어중간하게 하는 것을 싫어한다. 그것이 옳으면 대담하게 해야 한다. 그것이 그르면 하지 말고 버려야 한다. 이상을 가지고 산다는 것은 성공적인 삶이다. 사람을 강하게 만드는 것은 사람이 하는 일이 아니라 하고자 하는 일에 혼신을 다해 노력하고 또 노력하는 것이다."

폴란드의 영웅인 퀴리 부인은 열 살 때 결핵으로 어머니를 여의었다. 가난한 집안에서 어렵게 공부한 그녀는 원소의 존재 사실을 증명하기 위해 순수 라듐을 분리해야 했다. 이 일은 엄청나게 고된 일이었다.

퀴리 부인은 남편과 함께 낡은 창고 실험실에서 오래되고 너저분한 기계로 연구에 몰두했다. 그리고 마침내 순수한 라듐 0.1그램을 분리해내는 데 성공했다. 눈에도 잘 보이지 않는 0.1그램을 분리하는 데 걸린 시간은 무려 4년이었다. 이 공로로 그들 부부는 1903년 노벨 물리학상을 수상했다.

하지만 기쁨도 잠시. 남편이 마차에 깔려 순식간에 목숨을 잃는 사건이 발생했다. 그녀는 남편을 잃은 슬픔에 젖어 서글프고 끔찍한 나날을 보냈다. 하지만 연구를 멈출 수 없었다. 그녀는 단독으로 방사성 물질을 계속 연구했다.

그 결과 라듐 원자량을 더욱 정밀하게 측정하는 데 성공했고, 금속 라듐을 분리하는 데도 성공했다. 그리고 1911년 라듐과 플로늄 발견으로 노벨 화학상을 수상했다. 1903년 노벨 물리학상에 이은 두 번째 노벨상 수상이었다.

그래도 퀴리 부인은 연구를 중단하지 않았다. 결국 24년 뒤인 1935년 인공 방사능을 발견한 공로로 그녀의 조수가 노벨 화학상을 수상했다. 조교의 이름은 이레네 퀴리. 바로 그녀의 친딸이었다. 이로써 33년 동안 2대에 걸쳐 한 집안에서 3개의 노벨상을 받은 노벨상 가족이 탄생했다.

결국 퀴리 부인은 방사선에 지속적으로 노출된 까닭에 백혈병으로 숨을 거두었다. 그녀의 연구로 인해 전쟁 무기 개발과 대량학살 같은 부정적인 결과도 일어났지만 인류는 더욱 편안한 생활을 할 수 있게 되었다. 죽음을 앞두고도 연구를 게을리하지 않았던 퀴리 부인은 이렇게 말했다.

"나는 최고의 목표를 향한 노력의 끈을 절대 놓지 않을 것이다. 나는 우리의 생명이 짧고 나약하며 결국에는 아무것도 남지 않는다는 사실을 알고 있다. 다른 사람의 견해가 나와 다르고 나의 노력이 반드시 진리와 연결된다는 보장은 없지만 그래도 꾸준히 이 길을 가야 한다. 그렇게 할 수밖에 없는 이유가 분명하기 때문이다. 마치 누에가 고치를 트는 것이 당연하게 여겨지는 것처럼 말이다."

퀴리 부인의 말처럼 더 많이 노력하는 것보다 중요한 것은 지속적으로 노력하는 것이다. 우리 주위에는 순간적으로 엄청난 힘을 발휘하는 사람이 있다. 순발력을 바탕으로 한 이런 힘은 그것이 필요한 일에는 크게 도움이 되지만 차근차근 저력을 쌓아가는 데는 별로 도움이 되지 않는다.

노력은 벽돌로 하나하나 집을 짓는 것과 같다. 처음에는 작고 초라하지만 어느새 멋지고 웅장한 형태를 갖추는 것, 이것이 노력의 결과이자 묘미이다.

바둑에 대마불사大馬不死라는 용어가 있다. 한번 커다란 형세를 이루면 좀처럼 죽지 않는다는 뜻이다. 인생도 마찬가지이다. 꾸준한 노력으로 자신의 영역을 확장해나가다 보면 어느새 커다란 세를 이루게 된다. 그리고 그렇게 이룬 영역은 아무리 거센 비바람과 폭풍우가 몰아쳐도 쉽사리 무너지지 않는다.

노력과 꾸준함은 동전의 양면과도 같다. 뭔가를 지속적으로 노력하기란 정말 힘들다. 그러나 사람은 습관의 동물이기 때문에 익숙해지도록 노력하면 불가능한 것이란 없다. 열심히 노력을 하면 뜻하지 않은 행운도 찾아온다. 행운은 자신이 노력할 때 하늘에서 상을 내려주듯이 찾아오는 것이다.

한국 문단의 큰 어른이신 조정래 선생. 그는 10권짜리 《태백산맥》을 시작으로 《아리랑》, 《한강》으로 이어지는 대하소설 3부작을 완성했다. 32권의 방대한 분량을 한 작가가 썼다는 것은 거의 불가능에 가깝다. 하지만 그는 이게 가능했던 이유로 미련스러운 노력 덕분이라고 말했다.

"내가 대하소설을 연달아 세 편씩 써낼 수 있었던 것은 마음먹음의 실천일 뿐이다. 그런 미련스러운 노력 말고 무엇이 우리 인생을 책임질 수 있고, 우리 인생에 빛을 줄 수 있겠는가. 나는 타고난 재능보다는 미련스러운 노력을 믿고자 했다. 타고난 작은 재주도 치열한 노력을 바치면 커진다는 것을 믿었기 때문이다."

한석규, 최민식 주연의 영화 〈넘버 3〉. 이 영화에는 송강호를 스타로 만든 유명한 대사가 나온다.

"잠자는 개에게는 결코 햇빛은 비추지 않아."

로또도 사지 않고 대박을 꿈꾸는 게으름뱅이 노숙자가 될 것인가, 아니면 평생 햇빛을 보지 못하는 잠자는 개가 될 것인가?

열정과 성의를 다해 노력하고 또 노력해라. 그 마지막 지점에 당신이 원하던 꿈이 기다리고 있을 테니.

03

꿈은 강한 의지 속에서
태어나고 자란다

"나는 가장 미천한 신분에서 출발해 성공했습니다. 내 인생 바탕에는 끈기와 의지가 있었습니다. 나는 의지만 있다면 무엇이든 할 수 있다는 사실을 젊은이에게 전하고 싶습니다."

철도의 창시자이자 '철도의 아버지'라고 불리는 조지 스티븐슨^{Gorge Stephenson}은 탄광촌에서 태어나 광부 아버지를 두었다. 가난했기 때문에 학교도 다니지 못하고 탄광을 학교 삼아 세상을 배우고, 지식을 얻었다.

스티븐슨이 기관차를 만들려고 했을 때 이미 많은 사람이 그 발명에 뛰어들었다. 하지만 그 누구도 기관차를 실용화시키지 못했다. 다른 발명가들은 몇 번의 실험을 거쳐 문제가 개선되지 않으면 포기해 버렸지만, 스티븐슨은 달랐다. 그는 생의 마지막 순간까지 새로운 것을 배우려는 의지를 내려놓지 않았다. 그 의지가 그의 습관을 바꿨고, 그의 인생뿐 아니라 세상까지 바꿔놓았다.

20세기 말 파리고등사범학교에 다니던 학생이 있었다. 프랑스 중부 고원에서 자란 그는 어린 시절부터 탁월한 음악적 재능을 발휘했고 문학에 대한 열정을 키워나갔다.

'난 커서 베토벤과 미켈란젤로, 톨스토이 같은 예술가가 될 거야.'

그에게는 자신의 꿈을 이루기 위한 강한 의지가 있었다.

'베토벤과 미켈란젤로는 이 세상에 없지만 톨스토이는 살아 있어. 그에게 내 뜻을 전하는 거야.'

톨스토이에게 직접 편지를 쓰기로 한 그는 세계적인 문호에게 자신의 문학적 고민에 대한 조언을 요청했다. 평소 알고 싶었던 것과 작가의 길에 대해 장문의 질문이 담긴 편지를 보냈다. 하지만 편지를 쓰면서도 예순 살의 세계적인 대작가가 답장을 보내주리라고는 기대하지 않았다.

며칠 후 예상을 깨고 톨스토이에게 답장이 왔다. 그는 자신도 모르게 눈물을 훔쳤다. 대문호가 직접 답장을 한 것도 감격스러운데 무려 38페이지에 달하는 두툼한 분량이 그를 놀라게 했다. 톨스토이는 그 학생의 질문에 하나하나 친절하게 답을 해준 것이었다. 그리고 다음과 같이 끝을 맺었다.

"자넨 음악보다는 문학을 해야 할 것 같군. 직접 창작을 해보게나.

내 눈이 틀리지 않았다면 자넨 반드시 훌륭한 작가가 될 것일세. 그리고 잊지 말게나. 참다운 작가의 조건은 예술과 인류를 사랑하는 것이라는 것을."

학생은 그 편지에 감명을 받아 글을 쓰기 시작했다. 먼 훗날 그는 그 편지가 '광활한 우주 세계로 들어가는 문처럼 느껴졌고, 마치 작가로서의 삶을 예언하는 예언서로 느껴졌다'고 회고했다.

그로부터 20여 년 후인 1915년, 로맹 롤랑Romain Rolland이라는 이름으로 불리던 소년은 노벨 문학상을 수상했다. 《베토벤의 생애》, 《미켈란젤로의 생애》, 《톨스토이의 생애》, 《장 크리스토프》 등의 작품으로 이상과 정의를 위해 용감하게 앞으로 나아간 지식인들의 형상을 묘사했다. 그리고 노벨 문학상 선정위원회로부터 '문학 작품 속에서 보이는 고결한 이상과 인물 하나하나에 담긴 작가의 애착과 연민, 진리를 사랑하는 마음을 높게 산다'는 평가를 받았다.

로맹 롤랑에게 노벨 문학상을 선사한 작품은 《장 크리스토프》였다. 이 작품은 로맹 롤랑이 평소 존경하던 베토벤을 모델로 쓴 대하소설이다. 소설에는 베토벤을 연상시키는 주인공이 등장하는데, 그의 이름은 소설의 제목이기도 한 장 크리스토프이다. 롤랑은 이 작품에서 인간의 덕목 중 '불굴의 의지'를 가장 중요한 것으로 설정하며 이렇게 적었다.

"싸우기도 전에 항복하는 것은 안 된다. 인생에서 때때로 습격해오는 여러 가지 비참함은 하나의 시련이 될지도 모른다. 그것을 영광의 길로 이끌어가는 시련이라고 생각하자. 장 크리스토프의 마음속에

운명의 소리가 들려왔다. 가라! 앞을 향해 가라! 쉬지 말고 나아가라! 고뇌를 피하지 말아라."

로맹 롤랑의 굳은 의지가 그를 노벨 문학상 작가로 만든 것이다.

여기 또 한 명의 '불굴의 의지'를 지닌 소년이 있다. 영국 버진 그룹의 창업자이며 300개의 자회사를 소유한 괴짜 CEO 리처드 브랜슨이 그 주인공이다.

2008년 영국 여론조사기관에서 '당신의 자녀가 모범으로 삼기를 바라는 인물은 누구입니까?'라는 질문에 1위인 부모나 조부모 등 가족 구성원을 제외하고 2위가 된 인물. 고 다이애나 왕세자 비, 윈스턴 처칠, 빌 게이츠, 마틴 루터 킹, 넬슨 만델라는 물론이고 3위를 차지한 예수까지 제친 인물이 바로 리처드 브랜슨이다.

어릴 때부터 난독증이 있었던 그는 열다섯 살에 기숙사에서 생활하며 《스튜던트》라는 잡지를 창간했다. 당시 그가 관심을 가졌던 것은 베트남 전쟁이었다. 리처드 브랜슨은 베트남 전쟁이 더 확산되는 것을 막아야 한다고 생각했다. 그래서 유명인사들을 인터뷰하고 그들의 이야기를 잡지에 싣고 싶었다. 정기구독자도 없고 상업지도 아닌 고등학교 잡지에 말이다.

그가 제일 먼저 전화를 건 것은 당시 전 세계적으로 유명세를 타고 있던 비틀즈의 리더 존 레논이었다. 리처드 브랜슨은 자신의 취지를 설명하고 인터뷰를 하고 싶다고 요청했다. 그런 식으로 일일이 전화를 걸어 믹 재거, 장 폴 사르트르 등과 인터뷰에 성공했다. 나중에는 한 유명 잡지가 그에게 모든 비용을 대줄 테니 직접 베트남으로 가서 기사를 써달라고 요청할 정도였다. 리처드 브랜슨은 자신의 생각과 의지에 망설임이 없었고, 두려움이나 부끄러움도 없었다.

대개 사람은 남이 무엇인가를 부탁하면 쉽사리 거절하지 못하는 습성이 있다. 그 대상이 이제 막 학문의 길로 들어선 학생이라면 일종의 프리미엄이 붙는다. 그리고 자신이 대답할 수 있고 도와줄 수 있는 것이라면 힘이 되려고 한다. 여기에 그 학생의 간절함과 의지가 강하게 느껴지면 느껴질수록 더욱 적극적으로 도와주고 싶어한다. 로맹 롤랑이나 리처드 브랜슨이 자신의 꿈을 이룰 수 있었던 것은 이런 강한 의지가 있었기 때문이다.

인간의 의지는 얼마나 대단하고 강한 것일까? 헤밍웨이의 《노인과 바다》는 인간의 육체적인 인내와 정신적인 의지가 얼마나 경이로운지를 극명하게 보여준다. 하지만 더욱 대단한 것은 바로 이 작품을 쓴 헤밍웨이가 아닐까? 그는 말년에 이 작품을 위해 혼신의 힘을 다했는데 탈고까지 무려 2백 번이나 고쳤다. 결국 이 작품으로 퓰리처상과 노벨 문학상을 거머쥐었지만 상의 진정한 주인공은 소설 속의 산티아고가 아니라 현실 속의 헤밍웨이였던 것이다.

어떠한 일을 이루고자 하는 인간의 의지는 불가사의하다. 새처럼 하늘을 날고 싶은 인간의 의지가 비행기를 만들었고, 달에 우주선을 보내게 했다. 늙고 병들어 고통 속에서 삶을 마감하고 싶지 않다는 의지가 의학 기술을 발전시켰다. 이 속에는 사랑하는 사람을 고통 속에서 벗어나게 하고, 오랫동안 그 사람과 함께 살고 싶다는 의지가 있었을 것이다. 발타자르 그라시아는 이렇게 말했다.

"세상은 그대의 의지에 따라 그 모습이 수시로 변한다. 동일한 상황에서도 어떤 사람은 절망하고 어떤 사람은 여유 있는 마음으로 행복을 즐긴다."

꿈을 이루기 위해서는 쉽게 흔들리지 않을 강한 의지가 있어야 한다. 그리고 자신의 의지를 피력할 수 있는 대상이 있어야 한다. 여기서 중요한 것은 이런 의지를 혼자만 품 안에 넣고 있기보다는 자신이 세운 꿈 근처에서 꿈을 이룬 사람을 찾아야 한다는 것이다. 혼자서 세운 의지는 쉽게 무너질 수 있지만 조력자나 스승이 있다면 좀처럼 흔들리지 않는다.

꿈을 이루려는 의지가 있다면 당신이 하고 싶은 일에서 최고의 전문가에게 편지를 써라. 당신의 의지와 간절함이 묻어 있다면 그는 당신의 인생에서 훌륭한 스승이 될 것이다.

04

지속적인 열정이
꿈을 현실로 바꾼다

세계 모든 발레리나의 꿈의 대회인 스위스 로잔 콩쿠르에서 한국인 최초 우승. 세계 5대 발레단인 독일 슈투트가르트 발레단 동양인 최초, 그리고 최연소 입단. 〈로미오와 줄리엣〉을 통해 주연으로 데뷔해 독일 국민의 사랑을 받는 유일한 동양인 수석 발레리나, 20대 여성이 가장 존경하는 인물 1위, CEO가 뽑은 13시간 미국행 비행기 옆자리에 앉고 싶은 인물 1위. 대한민국 보관문화훈장 수상.

이러한 화려한 경력과 영광을 손에 쥔 사람은 누구일까? 아마 발레를 모르는 사람도 금방 '강수진'이라는 이름을 떠올릴 것이다. 누구보다 화려하고 명예로운 삶을 살고 있지만 지금의 강수진이 있기까지는 수많은 연습과 노력이 있었다. 매일 18시간씩 진행되는 연습은 남들이 20일 정도 토슈즈를 신을 때 하루에 네 켤레씩 갈아치울 정도로 혹독했다. 1년에 1000켤레가 강수진의 땀과 함께 사라졌다. 낯선 독일 땅에서 동양인이라는 핸디캡을 극복하기 위해 강수진이 할 수 있는 일은 끊임없는 반복 연습뿐이었다. 무엇보다 강수진에게는 열정과 꿈이 있었다.

"끝까지 포기하지 않으면 어느 순간 꿈은 현실로 와 있습니다. 계속하는 열정이야말로 꿈을 현실로 바꾸어가는 일입니다. 수없이 일어섰기에 나는 강수진이라는 이름을 가지게 되었습니다."

그런 강수진에게 아픔이 찾아왔다. 연습과 공연을 할 때마다 정강이 부분이 욱씬거리고 아팠다. 하지만 대수롭지 않게 생각하고 유럽과 세계 각국을 돌며 공연을 했다. 그런 생활이 5년 동안 계속되었다. 더는 아픔을 참을 수 없어 병원을 찾아갔을 때 강수진은 청천벽력 같은 소리를 들었다.

"다시는 토슈즈를 신을 수 없을 겁니다."

완벽한 무대를 위해 감춰온 부상이 쌓여 복합성 피로 골절 Stress fracture 이라는 판정을 받은 것이다. 그녀에게는 사형선고나 마찬가지였다. 인생의 최정상, 누구보다 찬란한 시기에 찾아온 시련이었다.

'이제는 발레를 할 수 없는 것일까?'

하지만 강수진은 좌절 대신 재활을 선택했다. 1년간의 혹독한 재활 훈련이 시작되었고, 그녀는 기적처럼 다시 무대에 올랐다. 그녀를 병실에서 일으켜 세운 것은 어릴 때부터 간직해온 문장이었다.

'Nobody is perfect but who wanna be Nobody!'

그녀는 마음속으로 "아무도 완벽하지 않다. 하지만 누가 '아무도'이고 싶겠는가?"를 매일마다 상기했다. '아무도' 완벽하지 않다는 사실에 위안을 받았고, '아무도'로 남을 수 없다는 오기와 도전정신이 생겼다. 그녀는 자신에게 가혹할 만큼 연습을 하고 또 연습했다. 강도 높은 연습과 훈련을 위해 일부러 남성 무용수들의 연습실에서 하루 18시간 이상 땀을 흘렸다.

일반인들은 상상할 수도 없는 강수진의 이런 피나는 노력과 열정, 프로정신은 한때 인터넷을 떠들썩하게 만들었던 한 장의 맨발 사진이 잘 말해주고 있다. 여성의 발이라고는 상상할 수도 없을 만큼 뭉개지고 뼈가 튀어 나온 모습은 보는 이의 가슴을 뭉클하게 만들었다.

지금 강수진은 독일의 국민적 무용수로 마흔일곱의 나이에도 불구하고 여전히 현역으로 활동하고 있다. 현역 30년을 넘지 못하는 발레의 세계에서 여전히 독보적인 프리마돈나로 세상을 감동시키고 있는 것이다.

무엇이 강수진에게 이런 프로의식과 열정을 심어주었던 것일까? 모두에게 주어진 똑같은 하루를 어떻게 특별한 하루하루로 만들 수 있었던 것일까? 수줍음 많고 연약한 소녀였던 강수진을 이토록 강하게 만든 것은 무엇일까? 그건 강수진에게 포기할 수 없는 꿈이 있었기 때문이다. 동양인으로서 자신이 가지고 있는 한계를 넘어서 세계 무대에 우뚝 서고야 말겠다는 꿈.

"잠깐 잘하는 건 어렵지 않아요. 문제는 끝까지 잘하는 거죠. 징징거리는 건 무대에 내려와서 하면 되요. 열정을 유지할 줄 아는 사람만이 끝까지 갑니다. 그리고 그 끝에서 자신의 한계를 넘어본 사람만이 꿈을 이룰 수 있는 자격이 있습니다."

강수진의 말처럼 꿈을 이루기 위해서는 지속적인 열정이 필요하다. 한두 번 해보고 쉽게 포기하는 사람은 결코 자신의 꿈을 이룰 수 없다. 애초부터 꿈의 방향이 잘못되었거나 꿈을 이루기 위한 열정이 부족하기 때문이다. 쉽게 좌절하지 않고 포기하지 않은 열정만이 꿈이라는 정상에 도달하게 만든다.

주위를 돌아보면 어려움 속에서도 자신의 꿈 때문에 열정을 포기하지 않은 사람이 많다. 박정헌 대장도 그중 한 사람이다. 그는 2005년 히말라야의 고산인 촐라체 등반을 마치고 하산 도중 조난당했지만 기적적으로 생환했다. 하지만 이 사고로 손가락 여덟 개와 발가락 두 개를 잃었다. 하지만 그는 포기하지 않았다. 대신 다른 방법을 선택했다. 바로 패러글라이딩을 이용해 산 위를 나는 것이다. 그는 비행에 도전해 서쪽 파키스탄부터 동쪽 인도 동북부까지 패러글라이딩으로 히말라야를 정복했다. 장장 5개월에 거쳐 2400킬로미터를 날아간 대도전이었다.

2003년 10월 31일 아침은 베서니 해밀턴에겐 지옥과도 같은 날이었다. 어렸을 때부터 서핑을 시작해 각종 대회에 나가 우승을 차지했던 그녀는 유명 스포츠 브랜드가 스폰서를 해줄 만큼 기대를 한몸에 받았다. 이날도 하와이 카우아이 해변에서 가족과 함께 서핑을 즐기고 있었는데 상어가 나타나 베서니 해밀턴을 공격했다. 그녀는 너무 놀라 발버둥치며 육지로 향했지만 어느새 왼팔의 어깨 아래까지 뜯겨져 있었다. 간신히 구조된 그녀는 병원으로 옮겨졌지만 혈액의 60퍼센트를 잃은 상태였다.

의사는 살아 있는 게 기적이라고 했다. 그녀가 받은 정신적 충격으로 오랜 시간 병상에 누워 있어야 한다고도 했다. 어쩌면 장기적인 공황상태가 올 수도 있다고 경고했다. 하지만 베서니 해밀턴에게는 열정과 용기가 있었다. 꿈과 목표가 있었다. 그녀는 한 달 뒤에 다시 서핑을 하기 위해 바다로 향했다. 그리고 2년 뒤에 자신의 꿈이었던 전국학생서핑협회 챔피언이 되었다.

베서니 해밀턴은 팔이 하나 없었지만 당당히 일어섰다. 그리고 또 다른 꿈을 향해 도전했다. 그건 자신의 이야기를 세상에 알리는 것이었다. 팔 하나로 힘겹게 집필한 자서전 《소울 서퍼》는 베스트셀러가 되었고, 영화 〈점퍼〉로 유명한 안나소피아 롭과 유명 여배우 헬렌 헌트의 주연으로 영화화되었다. 이 영화의 포스트에는 다음과 같은 홍보 문구가 적혀 있다.

"베서니 해밀턴이 모든 것을 잃었다고 포기했다면 우리는 진정한 챔피언을 만날 수 없었을 것입니다."

열정이란 어떤 일에 열렬한 애정을 쏟으며 열중하는 마음을 말한다. 당신이 학생이든 회사원이든 아니면 특별한 직업을 가진 사람이든 자신이 하는 일에 열정이 없다면 자신의 목표를 이루기 힘들 것이다. 자신이 꿈꾸는 목표를 이루는 가장 기본이 되는 것이 바로 열정이기 때문이다.

  독일의 철학자 프리드리히 헤겔은 "이 세상에서 열정 없이 이루어진 위대한 것은 아무것도 없다"고 했다. 어떤 어려움이 닥치더라도 꼭 이루어내고 말겠다는 굳은 의지와 열정으로 밀고 나간다면 반드시 당신이 원하던 꿈은 이루어질 것이다. 열정이 가슴속에서 식게 내버려두지 마라. 늘 훨훨 타오르게 불을 지피고 독려해야 한다.

  강수진은 자서전에서 이렇게 말했다.

  "꿈을 놓치지 마라. 꿈이 없는 새는 아무리 튼튼한 날개가 있어도 날지 못하지만 꿈이 있는 새는 깃털 하나만 가지고도 하늘을 날 수 있다. 지금 내가 열정적으로 활동할 수 있는 이유는 내 몸이 튼튼하거나 내 나이가 젊어서가 아니다. 놓치고 싶지 않은 꿈을 가지고 있기에 나를 미치게 만드는 꿈을 가지고 있기에 깃털 하나만으로도 무대 위에서 날아다닐 수 있는 것이다."

  <u>열정은 내 꿈을 실현하기 위해 꼭 필요한 엔진이다. 모든 것을 버리더라도 열정 하나만큼은 버려서는 안 된다.</u>

05

사랑은 꿈을 강하게
만드는 촉진제이다

고수, 한효주 주연의 영화 〈반창꼬〉는 상처와 치유의 영화이다. 두 사람의 직업은 소방수와 의사. 묘하게도 둘 다 사람의 생명을 구하는 직업이다. 둘에게는 마음속에 큰 상처가 있다. 아내와 자식을 잃은 남자와 직장을 잃을 위기에 있는 얼굴 예쁘고 젊고, 앞날 창창한 여자는 서로 밀당을 하며 상대방의 애간장을 태운다. 하지만 서로에게서 진심을 확인한 두 사람은 아픈 마음과 상처에 반창고를 붙여주며 점점 사랑에 빠진다. 이 영화에는 여주인공이 눈물을 흘리며 고백하는 찐한 장면이 나온다.

"그걸 이제 알았어. 그걸 알고 나니깐 내가 가진 걸 모두 포기할 수 있겠더라고. 당신마저도. 근데 또 생각해보니깐 당신은 내가 한 번도 가져본 적이 없는 거 있지. 그래서 이 말이라도 해야겠다 싶더라고. 사랑한다고. 당신이 뭐라든 어떻게 생각하든 사랑한다고."

살다 보면 마음에 반창고가 필요할 때가 있다. 마음에 커다란 생채기가 생겨 주먹으로 가슴을 마구 내리쳐도 좀처럼 가라앉지 않는 날, 노희경의 드라마 〈꽃보다 아름다워〉에 나오는 장면처럼 마음이 너무 아파 가슴에 빨간약이라도 바르고 싶은 날이 일 년에 몇 번쯤은 꼭 있다.

일회용 반창고는 미국의 어얼 딕슨이라는 사람이 발명했다. 아내를 극진히 사랑했던 딕슨은 아내가 음식을 만들다가 자주 손가락을 칼로 베이는 것을 보고 늘 속상했다.

'어떻게 하면 내가 직접 아내의 상처를 치료할 수 있을까?'

딕슨은 고민했다. 다행히도 딕슨은 외과 치료용 테이프를 제작해 판매하는 회사에 근무하고 있었다. 딕슨은 외과치료용 거즈로 실험을 반복한 결과 오늘날의 반창고를 만들었다. 그는 평생 다 쓰고 남을 돈을 벌어 아내와 행복하게 살았다. 이처럼 일회용 반창고는 그 탄생부터가 사랑하는 사람을 위해 발명된 아름다운 역사를 가지고 있다.

재봉틀도 반창고와 비슷한 탄생 과정의 역사를 지니고 있다. 재봉틀은 1880년대에 엘리아스 호위에 의해 만들어졌다. 그는 몸이 아파 가족을 위해 돈을 벌 수가 없었다. 그래서 그의 아내는 바늘질로 생계를 꾸려나갔다. 밤에 잠도 자지 않고 바늘질을 하던 아내의 모습을 보고 엘리아스는 재봉틀을 발명했고, 전 세계 여인들의 둘도 없는 친구이자 소중한 애장품이 되었다.

이밖에 사랑하는 사람을 위해 만들어진 발명품은 수없이 많다. 막 걸음마를 시작한 손자가 양말 때문에 자주 미끄러지는 게 안타까웠던 마츠이 할머니 덕분에 실내화가 만들어졌으며, 병실에 누운 아들이 우유를 먹으려고 힘겹게 몸을 일으키는 것이 안타까웠던 요코하마의 한 부인에 의해 주름 빨대가 만들어졌다. 그 아들은 엄마의 발명품 때문에 누워서 우유를 마실 수 있었고, 엄마는 이 발명품으로 부와 명예를 얻었다.

공기 타이어는 자전거를 타다 얼굴을 다친 외아들 때문에 고심하던 던롭에 의해 발명되었다. 당시만 해도 자전거 바퀴는 무쇠로 만들어졌거나 나무 바퀴 위에 무쇠를 씌운 게 대부분이었다. 그래서 작은 돌멩이에 부딪히기만 해도 크게 흔들려서 자주 사고가 났다.

'어떻게 하면 타이어를 안전하게 만들 수 있을까?'

던롭은 축구공에 착안해 자전거 바퀴에 고무를 씌우고 그 속에 공기를 넣는 아이디어를 생각해냈다. 던롭은 발명과는 무관한 수의사 출신이었지만 자신이 만든 타이어를 타고 행복해하는 아들을 보며 다른 사람들에게도 자신의 발명품을 알리고 싶었다. 그래서 수의사 일을 그만두고 특허를 출원해 자신의 이름을 딴 던롭 공기 타이어 회사를 세웠다.

이 발명품의 인기는 대단했다. 미국과 유럽 등 전 세계에서 주문이 폭주해 없어서 못 팔 정도였다. 마침 자전거가 널리 보급되는 시기였고, 막 개발되기 시작한 자동차에도 타이어는 없어서는 안 될 부품이었다. 던롭은 독일의 벤츠 자동차와 미국의 포드 자동차에 독점으로 공기 타이어를 납품했고 아들을 사랑해서 시작한 사업은 던롭을 부자로 만들었다. 평범한 수의사에서 대기업의 총수가 된 던롭의 회사는 지금도 그 명성을 이어가고 있다.

이처럼 많은 발명품이 사랑 때문에 만들어졌다. 여기에는 사랑하는 사람이 다치지 않고, 좀 더 편안하고 행복하게 살고자 염원했던 이들의 꿈과 열망이 녹여져 있다.

언젠가 영국의 어느 유명한 광고회사에서 거액의 상금을 내걸고 이런 내용의 퀴즈 광고를 낸 적이 있다.

"스코틀랜드의 에든버러에서 런던까지 가장 빨리 가는 방법은 무엇입니까?"

그러자 이 광고를 보고 수많은 사람이 퀴즈에 응모했다.

대답은 실로 다양했다.

'비행기를 타고 가면 한다.'

'헬리콥터를 타고 가야 한다.'

'초고속 기차로 가다 런던 근처에서 오토바이를 타고 가야 한다.'

'출퇴근 시간을 피해 새벽에 경주용 차로 달려야 한다.'

'우주선을 빌려 타고 가야한다.

그야말로 별의별 아이디어가 쏟아져 나왔다.

수많은 응모작을 놓고 심사위원들이 고민에 고민을 거듭했다. 그리고 마침내 대상을 발표했다. 대상은 아래와 같았다.

"사랑하는 사람과 함께 가면 된다."

사람을 사랑하는 마음에서 시작된 꿈은 종종 인류애로 이어진다. 인도의 빈민가를 위해 평생을 바치는 게 꿈이었던 마더 테레사 수녀를 비롯해 아프리카의 성자 슈바이처, 톤즈의 수호천사 이태석 신부 등 종교인들이 그 대표적인 예이다. 그들의 꿈은 세속적인 성공과는 거리가 있지만, 많은 사람을 감동시키고 역사를 바꾸어놓은 거대한 꿈이 되었다.

"나에게는 꿈이 있습니다. 나의 네 어린 아이들이 언젠가는 그들의 피부색이 아니라 하나의 인격으로 판단되는 나라에서 살게 될 것이라는 꿈이 있습니다."

흑인 운동가이자 1964년 노벨 평화상을 수상한 마틴 루터 킹 목사. 그가 1963년 링컨 기념관 앞에서 20만 명이 넘는 국민을 향해 자신의 꿈을 이야기하지 않았다면 미국 최초의 흑인 대통령인 버락 오바마의 탄생은 먼 이야기가 되었을 것이다.

이렇게 사랑에서 시작된 꿈은 파도가 밀려와도 무너지지 않는 거대한 성벽과도 같다. 그리고 진정성이 내포되어 있어 그 파급 효과와 생명력도 강하다. 만약 당신의 꿈이 사랑하는 사람을 위해 무언가를 이루는 것이라면 성공할 확률이 높다.

<u>주위를 둘러보라. 당신의 도움을 필요로 하는 사람의 목소리가 들리지 않는지 귀 기울여보라. 사랑으로 그들을 바라보라. 가슴 뜨겁고 깊이 사랑할 줄 아는 사람은 다른 분야에</u>

서도 그만큼 뜨거울 수 있다. 남을 사랑하는 마음이야말로 인간이 만든 최고의 발명품이 아닐까?

06

백 명의 친구보다
한 명의 라이벌이 낫다

1861년 미국에서 태어난 노먼 트리프렛은 인디애나 대학교 심리학과에서 교수 생활을 한 최초의 심리학자이자 스포츠 심리학자였다. 그는 사이클 경주 선수들이 혼자 연습할 때보다 다른 선수와 함께 연습할 때 더 좋은 기록을 낸다는 사실을 발견했다. 다른 모든 조건은 같았지만 누군가가 나와 비슷한 속도로 옆에서 같이 달린다는 사실만으로 선수들은 더 빠른 속도를 낸 것이다.

이를 증명하기 위해 노먼 트리프렛은 1898년 세계 최초의 사회 심리학 실험을 했다. 그는 40명의 아이에게 릴 낚싯대를 주며 말했다.

"자, 이 낚싯대에 커다란 고기가 물렸다고 생각하고 최대한 빨리 감아보거라."

　아이들은 열심히 낚싯줄을 감았다. 시간을 기록한 노먼은 이번엔 아이들에게 동시에 낚싯줄을 감게 했다. 역시 노먼의 예상대로였다. 이 실험을 통해 노먼은 아이들이 혼자서 낚싯줄을 감을 때보다 둘 이상이 할 때, 즉 다른 아이들이 옆에 있을 때 더 빨리 낚싯줄을 감는다는 사실을 알았다. 노먼은 이 실험 결과를 바탕으로 '사회적 촉진'social facilitation이라는 개념을 발표했다. 사회적 촉진이란 혼자 있을 때보다 다른 사람이 곁에 있으면서 자신을 지켜볼 때 일을 더 잘하게 되는 현상을 말한다.

　이러한 현상은 단순하고 지루한 수학 문제를 풀거나 숨은 그림찾기를 혼자보다는 여러 사람이 함께할 때 빨리 끝내는 것에서도 알 수 있다. 가족이나 팀을 구성해 애니팡을 함께해서 점수가 높아졌던 경험이 누구나 있을 것이다. 또한 자기 방에서 혼자 공부를 할 때보다 남들과 같이 공부할 수 있는 독서실이나 도서관에서 공부할 때 더 잘되는 것도 같은 현상이다. 고시 공부를 하는 수험생들이 한 특정 지역에 모여드는 것도 크게는 사회적 촉진 현상이다. 〈개그 콘서트〉 같이 공개적으로 진행되며 관객이 많이 있을 때 더 큰 웃음을 유발하는 것과 관중이 많은 축구 경기에서 선수들이 좋은 성적을 거두는 것 또한 이에 속한다.

　이런 '사회적 촉진'을 잘 활용하면 여러분의 꿈을 이루는 데 중요한 동력이 된다. 바로 자신만의 라이벌을 만드는 것이다. 라이벌이란 같은 목적을 가졌거나 같은 분야에서 일하면서 이기거나 앞서려고 서로 겨루는 맞수를 말한다. 라틴어로 강river을 의미하는 'rivus'에서 파생된 이 말은 적수敵手라고도 하는데 '강을 둘러싸고 싸우는 사람들'이라는 의미에서 시작했다. 하지만 그들이 강을 둘러싸고 싸운 것만은 아니다. 홍수가 날 때는 서로 힘을 합해 둑을 쌓기도 해서 경쟁자이자 협력자라는 의미도 내포하고 있다.

인류사에는 수많은 라이벌이 등장한다. 로알 아문젠과 로버트 스콧도 그중 하나다. 이들이 살았던 19세기 말에서 20세기 초는 국가 간의 탐험 경쟁이 뜨거웠던 시기였다. 당대 최고의 탐험가였던 노르웨이의 아문젠과 영국의 스콧은 남극 대륙에 자국의 국기를 먼저 꽂기 위해 정면 승부를 벌였다. 결국 치밀한 기획자이자 전략가였던 아문젠이 전통적인 개썰매를 타고 먼저 노르웨이의 국기를 꽂아 역사에 길이 남았지만 이들의 라이벌 의식은 남극 대륙 정복을 앞당기는 계기가 되었다.

발명왕 에디슨에게는 과학 천재였던 니콜라 테슬라라는 위대한 라이벌이 있었다. 두 사람은 물과 기름처럼 반대 성향을 갖고 있었다. 에디슨은 끊임없는 노력파였고 테슬라는 타고난 천재였다. 에디슨은 자본의 논리에 밝았던 반면 테슬라는 오직 발명에만 몰두했다. 결국 에디슨은 수많은 발명품 특허를 손에 쥐어 엄청난 부를 축적했고, 테슬라는 쓸쓸하고 가난한 말년을 맞았지만 둘의 라이벌 관계 때문에 인류의 삶은 풍족해졌다.

마이크로소프트의 빌 게이츠에게는 스티브 잡스라는 출중한 라이벌이 있었다. 둘은 1955년에 태어난 동갑내기로 대학을 중퇴한 것도 똑같다. 둘은 서로 경쟁을 펼치며 퍼스널 컴퓨터 시대의 서막을 열었다. 직관적이고 공격적이었던 스티브 잡스는 "애플 II는 6년 전 우리 집 차고에서 만들었다. 전 세계적으로 가장 큰 컴퓨터 회사인 IBM이 애플 II와 대적하지 못하는 것이 내가 가장 이상하게 여기는 점이다"며 자신의 라이벌에게 조크 섞인 언론 플레이를 즐겼다. 하지만 빌 게이츠는 "라이벌의 좋은 점도 놓치지 말고 배우라"고 직원들에게 늘 말하곤 했다. 빌 게이츠는 스티브 잡스가 사망했을 때 자신의 웹 사이트에 "지난 30년간 스티브와 나는 동료이자 라이벌로서 삶의 절반을 함께해온 사이이다. 그처럼 깊은 영향력을 가진 인물을 만나기란 쉽지 않은 일이다. 스티브가 남긴 업적은 수대에 걸쳐 이어질 것이다"라는 애도문을 남겼다.

20세기 최고의 화가로 추앙받는 파블로 피카소에게는 앙리 마티스라는 스승이자 라이벌이 있었다. 어느 날 피카소는 마티스의 전시회를 보러 갔다. 마티스는 일찍이 거장으로 인정받고 있었고, 피카소는 무명에 가까웠다. 이 전시회에서 깊은 감동을 받은 피카소는 마티스의 허락을 받고 그의 화실에서 그림을 그리게 되었다. 하지만 둘은 서로 다른 성격 탓에 사사건건 대립하고 서로를 헐뜯기 시작했다. 결국 피카소는 마티스의 곁을 떠났고, 열두 살이나 어린 피카소에게 모멸감을 느낀 마티스는 85세의 나이로 숨을 거두게 되었다. 그때 그는 "피카소의 그림 옆에 내 그림을 두지 말아 달라. 내 그림이 그의 열정으로 인해 빛을 잃을 테니까"라는 유언을 남겼다. 피카소에게 남긴 마지막 그의 찬사였다.

피카소는 마티스의 죽음을 알고 극심한 죄책감과 비통함에 사로잡혀 장례식에 차마 참석할 수 없었다. 대신 피카소는 마티스와 함께 지냈던 때를 회상하며 〈캘리포니아 화실〉을 그림으로써 그를 애도했다. 노년의 피카소는 "나를 괴롭힌 마티스가 세상에서 사라졌다. 이제 고백하겠다. 마티스는 내 영원한 멘토이자 라이벌"이라는 말을 남겨 사람들에게 큰 감동을 주었다.

라이벌은 비단 개인과 개인 사이에서만 있는 게 아니다. 가장 극렬한 라이벌전이 벌어지는 곳은 기업과 스포츠 분야이다. 투혼의 아디다스와 승리의 나이키, 코카콜라와 펩시, 메르세데스 벤츠와 BMW, 마쓰시타와 소니, 캐논과 니콘, DHL과 페덱스, 삼성과 현대, 무려 100년 넘게 라이벌 관계를 유지하고 있는 맨체스터 유나이티드와 리버풀이 그 대표적이다. 오랜 숙적이었던 한국과 일본 축구는 2002년 월드컵을 함께 개최하기도 했다.

김연아는 어릴 때부터 한 라이벌 때문에 마음고생이 심했다. 당시 피겨 스케이팅은 일본이 주름잡고 있었는데, 아사다 마오가 발군의 실력을 보이며 김연아를 압박했다. 김연아는 늘 자신과 아사다 마오를 비교하는 언론에 서운했지만 연습을 게을리하지 않았다.

고통과 시련 속에서도 불같은 정열로 노력한 결과 몇 년 후 김연아는 도쿄 요요기 경기장에 당당히 태극기를 걸 수 있었다. 그리고 2010년 밴쿠버 동계올림픽에서 228.56점이라는 놀라운 점수로 금메달을 목에 걸었다. 피겨 스케이팅의 불모지인 대한민국의 어린 소녀가 당당히 세계를 정복한 것이다. 김연아는 세계 스포츠 팬으로부터

"피겨 스케이트 역사상 가장 아름답고 우아하며 위대한 피겨 선수"라는 찬사를 받았다. 시상식에서 태극기가 올라가고 애국가가 울려 퍼질 때 김연아의 옆에는 은메달을 목에 건 운명의 라이벌 아사다 마오가 서 있었다.

이렇듯 우리는 경쟁사회에서 수많은 라이벌 관계로 살고 있다. 라이벌이란 모든 사람의 관심사이다. 그건 인간이기 때문에 당연하다. 사람이 둘 이상 모인 곳은 언제나 라이벌 의식이 존재하기 마련이다. 길거리를 지나가는 행인에게 라이벌 의식을 느끼는 사람은 없다. 하지만 그 행인이 나를 스치고 빨리 걷거나, 길게 늘어선 줄에서 새치기를 하면 경쟁심과 라이벌 의식이 발동한다.

라이벌에도 여러 종류가 있다. 같은 꿈을 향해 달려가면서 서로 경쟁하는 라이벌도 있고 진심으로 존경하는 라이벌도 있다. 또한 마음에는 들지 않지만 도저히 이길 수 없다고 인정하는 라이벌도 있다. 이런 라이벌 관계를 만드는 것은 당신의 꿈을 이루는 길에서 매우 중요한 일이다.

"라이벌이 나의 존재 의미와 가치를 결정한다."

라이벌이 있다는 것은 좋은 일이다. 위에서 언급했듯이 위대한 사람들의 업적 뒤에는 항상 라이벌이 존재했었다. 라이벌과 경쟁을 하게 되면 자신도 모르게 더욱 분발하게 되고, 자신도 몰랐던 능력이 생기기 마련이다. 물론 스콧이나 니콜라 테슬라, 마티스처럼 라이벌의 손에 인생을 크게 다치기도 한다. 이러한 비극적 결말을 피하기 위해서는 라이벌을 연구하고 그에 대적할 수 있는 힘과 지혜를 키워야 한다. 동서고금을 막론하고 걸출한 인물 대부분은 라이벌에게 한 번쯤 승리를 거둔 적이 있다.

여기서 중요한 것은 라이벌이 적이 아니라는 사실을 인지하는 것이다. 성급한 사람들이 하기 쉬운 실수 중 하나는 라이벌을 적으로 생각하는 것이다. 라이벌이 눈앞에 나타나면 행동이 어색해지고, 냉담한 태도나 무례한 말을 하기도 한다. 이건 결코 바람직한 행동이 아니다. 당신의 꿈을 이루기 위해서는 라이벌 의식을 긍정적인 에너지로 활용할 수 있어야 한다. 라이벌을 단순한 적이 아니라 자신의 삶에 효과적인 약이 되는 동반자로 만들 줄 아는 지혜가 필요하다. 일본의 유명 언론인 가와키다 요시노리는 라이벌에 대해 다음과 같이 말했다.

"나는 목표가 되는 사람보다는 라이벌을 가지고 있는 사람을 더 높이 평가한다. 목표 인물은 그저 '저 사람처럼 되고 싶다'는 동경의 대상에 그치지만, 라이벌은 좀 더 강렬한 경쟁의식을 불러일으킨다. 목표 인물은 액자에 넣어 걸어두면 그만이지만, 라이벌은 '저 녀석이 깨어 있는 동안에는 나도 잘 수 없다'라는 식으로 그 존재를 실감할 수 있다. 가까이에 이런 숙적을 두고 있는 사람은 성장한다."

그렇다. 라이벌은 당신 옆에 있는 또 다른 목표이다. 적은 원한의 대상이지만 라이벌은 존경할 수 있는 상대이다. 그리고 라이벌이란 자신을 비춰보는 거울이기도 하다. 상대에게 지고 싶지 않다는 마음에서 시작한 싸움이 어느새 자신과의 싸움이 되어버린다. 그런 상대가 진정한 라이벌인 것이다.

라이벌을 피하지 마라. 라이벌과의 경쟁은 결코 서로를 갉아먹는 제로섬게임이 아니다. 오히려 서로를 견제하고 파악하면서 힘을 얻거나 실패를 겪고 일어날 수 있는 중요한 거름이 된다.

오늘 곰곰이 생각해보라.

"과연 내 라이벌은 누구일까?"

만약 당신에게 라이벌이 없다면 지금이라도 당장 라이벌을 만들어라. 그리고 그와 정정당당한 레이스를 펼쳐라. 라이벌은 나의 경쟁자이자 내 꿈을 이루어주는 조력자라는 사실을 잊지 말아야 한다.

07

상상력은 꿈의 문턱을
넘나드는 바람과 같다

    영국 잉글랜드 지방의 대표적인 민화에 《책과 콩나무》가 있다. 어렸을 때 한 번쯤 읽어보았을 것이다. 이야기는 간단하다.

    홀어머니와 함께 사는 잭에게 유일한 수입원은 소 한 마리가 전부였다. 그러나 소가 나이가 들어 더는 우유를 만들 수 없게 되자 잭은 소를 팔기 위해 길을 떠난다. 도중에 잭은 우연히 한 할머니를 만나게 되는데, 그 할머니는 자신이 마법의 콩을 가지고 있다며 콩과 소를 교환하자고 제안한다. 콩과 소를 바꾸고 집으로 돌아온 잭은 어리석은 짓을 했다며 엄마에게 혼쭐이 난다. 화가 난 엄마는 잭이 가져온 콩을 창문 밖으로 던져버린다.

다음날 아침 일어나 보니, 콩이 싹을 틔워 하늘의 구름 위까지 이어져 있었다. 그 콩은 진짜 '마법의 콩'이었던 것이다. 콩나무를 타고 구름 위로 올라간 잭은 괴물을 물리치고 금은보화를 얻어 땅으로 내려온다. 이후로도 황금 알을 낳는 닭, 스스로 연주하는 하프 등 거인의 보물들을 가지고 내려오는데, 이를 알아챈 거인이 잭의 뒤를 따라 콩나무를 내려오지만, 잭의 어머니가 도끼로 콩나무를 베어버리면서 거인은 떨어져 죽고 만다. 그렇게 해서 잭과 어머니는 거인의 보물들을 가지고 풍족하고 행복하게 산다.

잭이 교환한 소와 콩은 그의 가족에게 엄청난 손해를 끼친 물물교환이다. 결국 소보다 더 값진 금은보화를 얻기는 했지만 만약 동화가 이대로 끝났다면 잭과 가족의 미래는 암울했을 것이다.

동화 속에서나 나옴직한 유사한 이야기가 2007년 실제로 일어났다. 이 기막힌 이야기의 주인공은 당시 25세의 캐나다 청년 카일 맥도널드. 백수였던 카일은 일자리를 구하지 못해 집세 내기도 빠듯할 정도로 가난했다. 더구나 그에게 미래나 비전 같은 건 눈 씻고 찾아봐도 없었다.

'이대로 나의 삶은 끝날 것인가?'

어느 날 카일은 책상 서랍을 열다 빨간 클립 하나를 발견했다. 그리고 일생일대의 프로젝트를 만들기로 했다.

'이 클립 하나로 시작해 1년 안에 집 한 채와 바꾸겠어!'

일명 '비거 앤드 베터'Bigger and Better 프로젝트. 자신이 갖고 있는 물건을 '더 크고 더 좋은 것으로 바꾸기'라는 물물교환 형식의 프로젝트였다. 방식은 이렇다. 먼저 자신이 가지고 있는 물건을 더 크고 더 나은 물건으로 바꿔줄 사람이 있는지 알아본다. 거래가 성사되면 새로 얻은 물건을 다시 더 크고 더 나은 것으로 교환한다. 그런 식으로 교환하다 보면 언젠가 집을 얻을 수 있다고 카일은 생각했다.

'하루 일과를 마치고 집에 돌아와 문간의 스탠드에 모자를 걸어놓고 천장을 바라보며 지붕 아래의 모든 공간이 내 소유라는 만족감에 젖어보고 싶어. 나 자신의 지붕. 그 아래에서는 무슨 일이든 할 수 있어. 벽을 하나 허물고 싶으면 얼마든지 허물 수 있어. 어느 누구도 이래라 저래라 할 수 없어. 만약 내가 작게 시작해서 크게 생각하며 재미를 느낀다면 그 모든 일이 일어날 수도 있어. 그것은 가능한 일이야. 이제 내가 할 일은 이 클립을 누군가와 교환하는 것뿐이야. 분명 누군가는 이것보다 더 크고 더 나은 무언가를 가지고 있을 거야. 내 일부터 당장 시작해야 돼.'

카일은 2005년 7월 12일 자신의 블로그를 통해 이 프로젝트에 대한 취지를 설명하고 '클립 한 개와 물건을 맞교환합니다'라는 글을 올렸다. 곧바로 연락이 왔다. 상대는 물고기 모양의 펜을 제시했다. 카일은 시애틀로 달려가 물고기 모양의 펜을 받았다. 그리고 다시 그것을 수제품 도어 손잡이로 교환했다. 세 번째 거래에서는 수제품 도어 손잡이를 캠핑용 스토브와 교환했고, 네 번째 거래에는 한 해병대원에게 스토브와 발전기를 교환했다. 발전기는 즉석파티 참석권과 교환되었고, 이를 한 코미디언의 스노모빌과 바꾸었다. 스노모빌은 또다시 2인용 여행권과 교환되었고, 여행권은 큐브 밴과 교환되었다.

그렇게 2006년의 새해가 시작되었을 때 카일은 여덟 번째 거래를 마친 상태였고 그의 곁에는 일명 박스 트럭이라고 불리는 큐브 밴이 집 앞에 서 있었다. 카일은 여기에서 멈추지 않았다. 그의 목표는 집을 구하는 것이기 때문이다.

카일은 큐브 밴을 레코딩 계약과 교환했다. 레코딩 계약은 피닉스 아파트의 1년 무료 임대권과 교환되었고, 다시 유명 록 가수인 앨리스 쿠퍼와 반나절을 보낼 수 있는 권리로 교환되었다. 카일은 잠시 망설인 끝에 그 권리를 미국 유명 록밴드 KISS의 로고가 들어 있는 전동 스노글로브와 교환했으며, 또다시 〈Donna on Demand〉라는 영화에서 한 배역을 받는 조건으로 교환했다. 그리고 이 배역 권리는 캐나다 키플링에 있는 2층짜리 저택과 교환했다. 드디어 집을 얻은 것이다.

그때가 2006년 7월 5일. 1년 안에 자신의 집을 갖겠다는 카일의 꿈은 열네 번째 거래만에 이루어졌다. 카일의 소식이 전해지자 그의 블로그는 유명세를 타기 시작했고, 일약 스타가 되었다. 카일은 한 인터뷰에서 다음과 같은 말을 남겼다.

"어디선가 들어본 듯한, 누구나 다 아는 듯한 아이디어도 다시 꺼내 적용시켜보면 새로운 인생을 만들 수 있어요. 그리고 무엇보다 중요하건 그것을 해보는 거죠."

상상력과 아이디어. 이를 통해 자신의 꿈을 이룬 사람은 비단 카일 맥도널드뿐만이 아니다. 카일이 물물교환 프로젝트를 처음 시작했던 2005년 어느 날, 미국에서도 비슷한 일이 시작되고 있었다. 인터넷 역사를 한순간에 바꿔놓은 엄청난 역사였다. 대만에서 출생하여 여덟 살 때 미국으로 이민온 스티브 첸이 그 주인공이다.

첸은 초등학교 6학년 때 손님이 두고 간 잡지에 실린 프로그래밍 언어 베이직에 빠져 생애 최초의 프로그램을 짰다. 고교 시절 수업은 뒷전이고 술과 담배를 가까이 하느라 성적은 좋지 않았다. 다행히 컴퓨터 취미는 여전해서 밤을 새워 게임을 만들었다. 한 학기를 남겨둔 대학 생활을 과감하게 접고 실리콘밸리로 달려간 첸은 첫 직장이 이베이와 합병되면서 졸지에 백수로 전락했다.

어느 날 친구와 모여 대화를 나누던 첸이 말했다.

"뮤직 비디오 같은 동영상을 온라인상에서 여러 친구와 함께 공유할 수 있는 좋은 방법이 없을까?"

여기저기서 아이디어가 쏟아졌다. 그들은 마침내 웹상으로 자신이 찍은 동영상을 올리고 또 일반인도 쉽게 그 동영상을 볼 수 있는 방법을 고안해냈다.

"누구나 촬영을 하고 제작을 하고 모두가 방송을 하는 동영상 시대를 우리가 만들어보는 거야! 진정한 당신You! 그리고 TVTube!"

그 생각이 첸과 친구들을 흥분시켰고, 사이트에 대한 정의도 명확해졌다. 그로부터 불과 1년 후 유튜브는 구글에 무려 16억 달러에 팔려 그들은 억만장자가 되었다. 〈타임〉지는 첸과 친구들의 아이디어를 높이 사 '올해의 발명'으로 선정했다. 첸은 그즈음 뇌종양으로 죽음의 문턱을 넘나들어야 했지만 자신이 진정으로 원하는 삶을 위해 거액의 인센티브도 마다하고 또다시 밤을 새워가며 새로운 미래에

도전하고 있다.

빨간 클립 하나로 집을 구입하고, 유튜브를 설립한 맥도널드와 첸의 공통점은 무엇일까? 그건 그들이 상상력과 아이디어 하나로 자신이 원하는 것을 얻었다는 것이다.

레오나르도 다빈치 이후 예술계에 가장 큰 영향을 끼친 사람으로 꼽히는 월트 디즈니는 자신의 기발한 상상력을 상품으로 만들었고, 사람들에게 '꿈'을 팔았다. 1937년 〈백설공주와 일곱 난쟁이〉를 시작으로 애니메이션 제작에 뛰어들어 수많은 부를 축적한 월트 디즈니는 1950년대가 되자 기존의 놀이공원과 차별되는 테마파크를 구상했다.

그렇게 탄생한 것이 바로 꿈의 궁전인 디즈니랜드이다. 평범한 놀이공원과는 달라야 했기에 시설 하나, 사소한 배치 그 모든 것에 상상력을 불어넣어야 했다. 이때 월트 디즈니가 만든 단어가 '이매지너'*imaginer*다. 이매지너는 디즈니 그룹에서 엔지니어를 일컫는 말로 여전히 쓰이고 있다. 상상을 현실로 만들기 위해서는 기술자들 스스로 상상력을 가지는 것이 필요했고, 그 철학이 바로 이매지너라는 단어에 함축돼 있다. 월트 디즈니는 꿈을 이루기 위해서는 상상력과 아이디어가 중요하다는 것을 이미 간파하고 있었던 것이다. 디즈니는 다음과 같이 말했다.

"꿈꾸는 것이 가능하면 그 꿈을 실현하는 것도 가능하다. 이 모든 것이 작은 생쥐 하나로 시작되었다는 것을 기억하라. 우리의 모든 꿈은 이루어질 것이다."

꿈을 이루기 위해서는 상상력을 키워야 한다. 아인슈타인은 "지식보다 중요한 것은 상상력"이라고 했고, 나폴레옹은 "세상을 지배하는 것은 상상력이다"라고 말했다.

상상력은 꿈의 문턱을 넘나드는 바람과 같다. 상상력이 없으면 꿈을 꿀 수도 없고, 꿈이 없으면 상상력도 생기지 않는다. 당신의 상상력이 혼자 자도록 내버려두지 마라.

Dream

Part 02

꿈을 완성시키는 일곱 가지 성공 전략

If I come true my dream, I will be somebody's dream

If I come true my dream, I will be somebody's dream

당신이 만약 일생 동안 반드시 이루고 싶은
분명한 꿈이 있다면 지금 당장 드림리스트를 작성해라.
그리고 잘 보이는 곳에 두고 매일 쳐다보면서
큰 소리로 외쳐라.
이 세상에서 가장 멋진 일은 일생을
바칠만한 꿈과 목표를 가지고 있는 것이다.

08

버킷리스트보다는
드림리스트를 먼저 작성하라

크리스마스 이브 저녁. 미국 로스엔젤레스의 한 저택에 가족들이 모여 앉아 이야기 꽃을 피우고 있었다. 백발이 성성한 할머니가 가족을 향해 말했다.

"나는 뉴욕에 가서 배우가 되고 싶었어. 하지만 스물한 살에 남편을 만나 이곳에서 평생을 살았지. 그게 제일 아쉬워. 내가 30년만 젊었더라면 당장 배우 일을 하고 싶어."

그러자 여기저기서 자신들의 경험담이 쏟아졌다.

"전 아마존 강을 탐험하는 게 꿈이었어요."

"조금만 더 젊었으면 에베레스트에 도전했을 거예요."

그날의 만찬 주제는 '인생에서 미처 하지 못했던 일들'이 되었다. 오랜만에 만난 가족들이 이야기 꽃을 피울 때 열다섯 살의 소년은 이런 생각을 했다.

'왜 어른들은 저렇게 후회하고 아쉬워하는 것일까? 자신이 하고 싶은 일을 했더라면 좋았을 텐데. 나는 커서 어른들처럼 무엇을 했더라면 좋았을 것이라는 후회를 하지 말아야지.'

소년은 자신의 방으로 돌아와 새 노트 한 권을 꺼냈다. 그리고 표지에 〈나의 꿈의 목록〉이라고 적었다. 그날 밤 소년은 자신이 평생에 하고 싶은 것, 가 보고 싶은 곳, 배우고 싶은 것을 적기 시작했다.

피아노로 베토벤의 〈월광소나타〉 쳐보기, 보이 스카우트 가입하기, 셰익스피어 작품 읽기 같은 비교적 쉬운 꿈도 있었다. 낙하산 점프, 비행기 조종법 배우기 같이 스릴 넘치는 꿈도 있었다. 무엇보다 미지의 세계에 대한 관심이 많았던 소년은 달나라 여행, 에베레스트 등정, 아마존 강 탐험 같은 결코 쉽지 않은 목표들도 적었다. 종이 위에 꿈을 적는 일에 제한은 없었다. 소년은 마음껏 상상과 꿈의 나래를 펼치며 총 127개의 리스트를 적었다.

그날부터 소년은 꿈의 목록을 가슴에 품고 다니면서 가능한 것부터 하나씩 정복해나가기 시작했다.

그리고 40년 후 미국 유명 주간지 《라이프》에는 '꿈을 이룬 사나이'라는 제목의 기사와 소년의 이야기가 실렸다. 소년의 이름은 존 고다드. 그는 열다섯 살에 적은 127개의 꿈 가운데 103개를 이룬 상태였다. 그때 그의 나이 47세. 카약 하나로 나일 강을 완주하고 킬리

만자로 봉우리에 우뚝 서고, 수많은 탐험 기록을 남기며 자신의 꿈 중 많은 것을 이루었다. 당시《라이프》지는 잡지사 역사상 최고의 판매부수를 기록했다. 사람들은《라이프》지를 산 것이 아니라 한 남자의 꿈과 그 꿈을 이룬 아름다운 도전과 노력을 산 것이다.

열다섯 살에 작성한 127개의 꿈은 어느새 500개로 늘어났지만 존 고다드에게는 위기가 찾아왔다. 건강에 이상이 생겨 병원을 찾은 그에게 전립선암 판정이 내려진 것이다. 하지만 그는 절망하지 않았다. 열다섯 살부터 손때 묻은 〈꿈의 목록〉이 적힌 공책을 꺼내 '암을 이겨내고 건강해지자'를 적었다. 그리고 몇 년 후에 그는 기적처럼 암을 이겨냈다. 죽음의 문턱까지 갔던 존 고다드는 자신의 공책을 끌어안고 또다시 〈꿈의 목록〉의 중요성을 깨달았다.

"나는 틀에 박힌 생활을 하고 싶지 않았으며 끊임없이 나의 한계에 도전하고 싶었다. 독수리처럼. 이런 경험들을 통해 나는 인간의 보람과 삶의 가치를 느낀다. 사람들은 흔히 위대한 용기와 힘과 인내를 발휘한다는 것이 무엇인지도 모른 채 생을 마감한다. 그러나 죽음이라는 극한 상황에서는 자신의 내부에 감춰진 엄청난 힘을 깨닫게 된다. 지금까지 살아온 당신의 인생을 돌아보라. 그리고 '만일 내가 1년을 더 산다면 무엇을 할 것인가'에 대해 생각해보라. 우리 모두는 마음속에 각자가 하고 싶은 일들을 갖고 있다. 미루지 말고 지금 당장 해보라."

현재 존 고다드는 예순 살이 넘은 나이에도 달나라 여행을 비롯해 아직 이루지 못한 꿈의 리스트를 채우고 있다.

버킷리스트bucket list라는 용어가 유행했던 적이 있다. 잭 니콜슨과 모건 프리먼 주연의 영화 〈버킷리스트〉 때문에 유명세를 탄 이 용어는 죽음을 눈앞에 둔 주인공들이 한 병실을 쓰게 되면서 일어나는 일을 그린다. 두 주인공은 자신들에게 남은 시간 동안 하고 싶은 일에 대한 리스트를 만든다. 그리고 병원을 빠져나와 하나씩 실행해나간다. 이 영화에서 모건 프리먼은 잭 니콜슨을 향해 멋진 대사 한 방을 날린다.

"인생의 기쁨을 찾아가게나, 에드워드. 친구, 눈을 감아보게. 그리고 물결 따라 흘러가게나."

버킷리스트라는 용어는 원래 중세시대에 널리 사용되었다. 죄인을 교수형에 처하거나 자살을 할 때 올가미를 목에 두른 뒤 뒤집어놓은 양동이bucket에 올라간 다음, 양동이를 걷어참으로써 목을 매는데 이로부터 킥 더 버킷kick the bucket이라는 말이 유래되었다. 킥 더 버킷은 '죽다'라는 뜻의 속어로 사용된다.

죽음의 순간에는 자신이 살아온 시간들이 영화 필름처럼 빠르게 지나간다고 한다. 이때 자신이 꼭 하고 싶었던 일을 하지 않은 것을 후회하게 된다고 하는데, 이 때문에 버킷리스트는 죽기 전에 꼭 해보고 싶은 일과 보고 싶은 것들을 적은 목록을 가리킨다.

죽음을 목전에 둔 두 주인공이 늦게나마 버킷리스트를 작성하고 실행하는 것을 보고 큰 감동을 받았다. 하지만 좀 더 젊은 나이에 버킷리스트를 작성하고 실행했다면 어땠을까? 이 영화를 보고 나 또한 내 인생의 버킷리스트를 작성하기 시작했다. 아마 많은 분이 버킷리스트를 작성했을 것이다. 하지만 버킷리스트를 작성하는 것보다 더 중요한 것이 바로 드림리스트를 작성해보는 것이다.

드림리스트와 버킷리스트. 이 둘은 비슷하면서도 다르다. 먼저 드림리스트는 버킷리스트보다 범위가 넓고 기간이 제한되어 있지 않다. 버킷리스트는 영화에서처럼 제한된 상황에서 죽기 전에 꼭 해야 할 리스트에 불과하다. 하지만 꿈은 살아 있을 때 다 이루지 못하더라도 죽고나서도 누군가에 의해 이루어질 수 있는 큰 이상이다.

<u>버킷리스트가 밀린 숙제를 하는 것이라면 드림리스트는 자기가 문제를 출제하는 것 같다. 버킷리스트가 제한적이고 개인적인 것이라면 드림리스트는 확장적이고 대중적이며 미래지향적이다.</u>

가령 '우주선을 타고 화성 여행하기'가 있다고 하자. 이건 자신이 죽기 전에 이룰 수 없을지는 몰라도 누군가는 이룰 수 있는 꿈이 될 수도 있다. 마치 이 책의 제목처럼 내가 어떤 지점까지 꿈을 이루면 그 꿈을 보고 누군가는 다시 꿈을 꾸고, 그 꿈은 계속 확산되어 결국 그 꿈이 완성되는 것과 같다. 그 순간 화성 여행하기는 버킷리스트처럼 한 개인의 제한된 꿈이 아니라 내 자녀, 더 나아가 인류의 꿈이 된다. 그래서 단순히 자신이 살아 있는 동안 하고 싶은 꿈이나 바람들을 적어놓는 버킷리스트보다는 자신의 목표와 꿈을 작성해서 그 꿈을 이룰 수 있는 드림리스트가 더 필요하다. 드림리스트에는 어떤 제한도 없고, 상상력이 무한대로 커질 수 있기 때문이다.

우리는 항상 무언가를 원하고 있다. 하지만 그것은 잘 이루어지지 않는다. 바로 간절함이 부족하기 때문이다. 드림리스트는 미래에 대한 이런 간절함을 이끌어내는 좋은 기재이자, 향후 비전을 설정하는 데 좋은 원재료가 된다. 드림리스트만으로도 인간이 크게 변하는 경우는 수없이 많다. 그 이유는 자신이 원하는 것을 한 장의 리스트로 만들어 보면 그것을 이루고 싶은 간절함이 생겨나고 노력하는 자세를 보이기 때문이다. 존 고다드뿐만 아니라 실제로 드림리스트의 파워는 여러 사람의 사례를 통해 검증된 바 있다. 미국 풋볼의 전설이 된 루 홀츠도 그중 한 사람이다.

루 홀츠는 어느 날 자신이 일하던 대학 풋볼팀에서 해고를 당한다. 당시 그의 수중에는 단 돈 1달러도 없었고 아내는 세 번째 아기를 임신한 상태였다. 깊은 절망에 빠져 있을 때 아내는 루 홀츠의 인생을 바꾸어버릴 책을 선물하게 된다. 그 책에는 '자신이 이루고 싶은 꿈과 목표를 100가지 적어보라'고 적혀 있었다. 그는 즉시 100개의 꿈과 목표를 적기 시작했다. 간절했던 루 홀츠는 100개를 넘어 108개를 적었다. 직장도 돈도 없었던 스물여덟 살의 루 홀츠에게는 아내와 세 아이 그리고 108개의 드림리스트가 전부였다.

몇 년 후 루 홀츠는 미국 풋볼 역사의 전설이 되었다. 백악관에서 대통령과 만찬 즐기기, CBS의 〈투나잇 쇼〉 출연하기, 노트르담 대학 풋볼팀 헤드코치로 발탁되기, '올해의 코치'로 선정되기, 골프에서 홀인원 하기 등을 포함해서 이미 102가지의 소원을 이루었다. 그는 실현 가능성을 염두에 두지 않았다. 자신이 진정으로 원하는 것을 적었고 그렇게 종이에 적힌 그의 꿈들은 마법처럼 현실이 되었다. 드림리스트의 위력은 이러한 것이다.

무일푼으로 시작해 스물일곱 살에 억만장자가 되어 워싱턴 캐피털스, 워싱턴 미스틱스, 워싱턴 위저즈 등 3개의 프로 스포츠 구단을 소유하고 있는 스포츠 재벌 테드 레온시스도 드림리스트 신봉자이다.

테드는 어느 날 사업차 비행기를 탔다. 이륙한 지 얼마 후 그가 탄 비행기는 기계 고장으로 만 미터 상공에서 멈춰 섰다. 그는 정말 인정하고 싶지 않은 한 가지 사실에 직면했다.

"이대로 비행기가 추락한다면 나는 절대 행복한 죽음을 맞이하지 못할 거야."

그건 테드가 꾸려온 삶에 대한 심판이자 경계경보였다. 그는 돈으로 살 수 있는 것은 다 갖고 있었다. 터무니없이 젊은 나이에 모두가 인정하는 아메리칸 드림을 성취한 뉴욕 브루클린 빈민가 출신 청년에게는 모든 게 만만해 보였다. 하지만 그는 결코 행복하지 않았다. 이 사건은 테드의 일생에서 가장 중대한 발견이었다. 금방이라도 토할 것 같은 상태로 무릎을 덜덜 떨며 비행기에서 내리는 순간, 그는 행복을 추구하며 후회 없는 삶을 살기로 굳게 결심했다. 그리고 100개의 드림리스트를 작성한다.

그 후로 25년이 넘는 세월이 흐른 지금, 처음 목록에 적어놓았던 항목 중 상당수는 이미 오래전에 체크 표시가 되었다. 테드는 드림리스트 전도사가 되어 1000회가 넘는 강연을 다녔고, 무엇보다 그 자신이 꿈을 이루었다.

"지금 당장 나만의 드림리스트를 작성하라. 그리고 하나둘씩 실천해 옮겨라. 자신의 주변과 일을 소중히 여기라. 자신을 의심하지 마라. 두려워하지 말고 행해라. 돈보다는 행복해지는 연습을 해라."

이것이《포춘》지가 선정한 '세계의 부호' 가운데 한 명인 테드 레온시스가 전하는 삶의 지혜이자 메시지이다.

"나는 무엇을 했더라면 같은 후회는 하지 말아야지."

꿈을 갖고 드림리스트를 작성하는 것은 자신의 인생이 중요하다는 메시지를 전달한다. 작은 일부터 도전하고 성취하는 과정을 통해 더 많은 꿈을 갖게 된다.

당신이 만약 일생 동안 반드시 이루고 싶은 분명한 꿈이 있다면 지금 당장 드림리스트를 작성해라. 그리고 잘 보이는 곳에 두고 매일 쳐다보면서 큰 소리로 외쳐라. 이 세상에서 가장 멋진 일은 일생을 바칠만한 꿈과 목표를 가지고 있는 것이다.

09

꿈을 이루기 위해서는
자이가르닉 효과의 마술사가 되라

"죽기 살기가 아니라 '죽기'로 했다."

2012년 런던 올림픽 남자 유도 81킬로그램급을 제패한 김재범 선수가 인터뷰에서 했던 말이다. 이 말은 크게 유행하며 런던 올림픽 최고의 명언이 되었다. 네티즌들은 "죽기 살기로 하니 지고, 죽기로 하니 이긴다. 배워야 할 말", "챔피언은 어록도 챔피언급", "4년간의 마음 고생이 한번에 느껴져 짠했다" 등의 찬사를 보냈다.

4년 전인 2008년 베이징 올림픽 결승에서 아쉽게 패해 은메달을 딴 김재범. 그는 값진 은메달을 따내고도 죄인처럼 지내야 했다. 그리고 4년 전에 자신에게 패배를 안긴 올레 비쇼프를 상대로 드디어 금메달을 목에 걸었다. 김재범의 인터뷰를 보면서 유명한 심리학 일화가 생각났다.

1920년대 중반, 베를린 대학교 근처 식당으로 20여 명의 교직원이 모여들었다. 자리를 잡자 웨이터가 다가왔고 그들은 먹고 싶은 메뉴를 주문하기 시작했다. 이때 이상한 점이 눈에 띄었다. 웨이터가 주문을 메모하지 않는 것이 아닌가. 호기심에 찬 젊은 교수가 물었다.
"이 많은 메뉴를 다 기억할 수 있소?"
웨이터가 입가에 미소를 띠며 대답했다.
"그럼요. 늘상 하는 일인데요."
잠시 후 그들이 주문한 음식이 정확하게 나왔다. 사람들은 그 웨이터의 기억력에 감탄했다. 기억력이 출중한 웨이터 때문에 그들은 어느 때보다 즐겁게 식사를 마쳤다. 그리고 학교로 돌아가기 위해 길을 나섰다. 정문 앞에 다다랐을 때 젊은 교수가 소리쳤다.
"이런, 식당에 수업 노트를 놓고 왔네."
그러자 일행이 대답했다.
"걱정 말게. 그 식당에는 기억력이 좋은 웨이터가 있지 않은가."
젊은 교수는 식당으로 돌아가 웨이터를 찾았다.
"수업 노트를 두고 와서 찾으러 왔소이다."
하지만 웨이터는 그가 누구인지 알아보지 못했다. 심지어는 그가 어느 자리에 앉았는지, 어떤 메뉴를 시켰는지도 몰랐다. 의아하게 생각한 젊은 교수가 웨이터에게 물었다.

"아까 자넨 그 많은 메뉴를 다 외우지 않았나. 어떻게 그토록 짧은 시간에 전부 잊어버릴 수 있나?"

그러자 웨이터가 대답했다.

"전 음식이 나와 서빙할 때까지만 기억합니다."

심리학을 가르치고 있던 젊은 교수는 이 현상에 흥미를 느꼈다. 그리고 대학으로 돌아와서 재미있는 실험을 했다. 먼저 학생을 A그룹과 B그룹으로 나누었다. 그런 다음 몇 분 안에 끝낼 수 있는 몇 개의 과제를 내주며 서로 다른 요구를 했다. A그룹에게는 과제를 모두 풀 때까지 기다렸다가 다음 과제를 주었다. B그룹에는 도중에 미완성인 채로 멈추게 하고 다음 과제로 넘어갔다.

"자, 모두 수고했네."

답안지를 회수한 젊은 교수는 방금 학생들이 풀었던 과제의 제목을 물었다. 근데 신기하게도 B그룹의 학생들이 A그룹보다 두 배 정도 더 많이 기억을 하고 있었다. 젊은 교수는 이런 현상을 자신의 이름을 따 자이가르닉 효과 Zeigarnik Effect 라고 명명하고 학계에 발표했다.

이 실험을 통해 자이가르닉은 완성하지 못한 일이 오래도록 기억에 남는 심리적 현상을 발견했다. 즉 사람들이 어떤 일을 할 때 그 일을 중간에 그만두게 되면, 계속해서 남아 있는 일을 하려고 하는 동기가 작용하게 되어 다른 때보다 기억을 잘하게 된다는 것이다. 하지만 일단 일을 마치게 되면 그 일과 관련된 기억들이 쉽게 사라지는 것이다.

이런 자이가르닉 효과는 우리 주변에서도 흔히 찾아볼 수 있다. 유행처럼 번진 오디션 프로그램에서 강력한 기대주가 등장할 때 화면을 끊고 다음 예고편을 내보낸다거나, 우승자가 가려지는 상황에서 "60초 후에 다시 돌아오겠습니다" 하고 광고를 내보내는 경우이다. TV 드라마는 또 어떤가? 가장 흥미진진한 부분에서 '다음 편에 계속'이라며 시청자들의 애간장을 태운다. 웹툰이나 연재 만화, 연재 소설도 마찬가지이다. 심리학자들은 첫사랑을 잊지 못하는 것도 이런 자이가르닉 효과 때문이라고 설명한다. 사랑이 실패하면 할수록 더욱 기억에 남으며, 시험에서 아쉽게 틀린 문제는 두고두고 기억에 남는다는 것이다. 결국 미완성으로 어떤 일이 끝나면 머릿속에서 좀처럼 지워지지 않게 되는 것이다.

김재범이 치명적인 부상을 입고도 금메달을 목에 걸 수 있었던 것은 바로 4년 전에 아깝게 금메달을 놓치고 은메달을 딴 기억 때문이다. 금메달이라는 꿈을 완성하지 못해 두고두고 마음에 남은 것이다. 이를 반증이라도 하듯이 김재범은 "감독님이 항상 저에게 '4년 전처럼 또 그럴래? 또 그때처럼 그럴래?'라는 말에 마음이 힘들었고 오기가 생겼다"라고 했다. 참고로 올림픽에서 은메달을 딴 사람보다 동메달을 딴 사람의 표정이 더 밝은데, 그건 하향 비교의 마음이 크기 때문이다.

이 자이가르닉 효과를 잘 이용하면 꿈을 이루는 데 큰 무기가 된다. 만약 당신 앞에 하기 싫은 일이 주어졌다면 어떻게 하는 것이 좋을까? 이럴 때는 질질 끌기보다는 얼른 해버리는 것이 좋다. 그렇지 않으면 그 일이 두고두고 마음속에 남아 다음날 또다시 그 싫은 일을 해야 한다. 하지만 얼른 끝마치면 기분이 상쾌해지고 마음도 편안해진다.

자신이 좋아하는 일인데 양이 많을 때는 그 반대로 하는 것이 좋다. 인간의 집중력과 체력에는 한계가 있다. 아무리 좋아하는 일이라도 집중력이 떨어질 때까지 일에 매달리기보다는 과감하게 그만두고 다른 일을 하는 것이 좋다. 그 휴식의 시간에 자신의 두뇌에서는 얼른 그 일을 하고 싶은 마음 때문에 미처 보지 못했던 것들과 새로운 아이디어가 떠오를 수도 있다.

완성하지 못했기에 기억에 오래 남는 심리, 자이가르닉 효과. 꿈을 이루기 위해서는 자이가르닉 효과를 잘 응용할 수 있는 마술가가 되어야 한다.

10

꿈을 찾기 위해서는 하나의 세계를 깨뜨려야 한다

"새는 알에서 나오려고 투쟁한다. 알은 세계다. 태어나려는 자는 하나의 세계를 깨뜨려야 한다. 새는 신에게로 날아간다. 신의 이름은 아프락사스."

누구나 한 번쯤은 중고교 시절 헤르만 헤세의 《데미안》을 읽고 깊은 감명을 받았을 것이다. 나 역시 마찬가지이다. 나란 존재의 의미와 가치에 대해 생각할 때 만난 《데미안》은 충격 그 자체였다. 특히나 '태어나려는 자는 하나의 세계를 깨뜨려야 한다'라는 대목에서는 정신이 번쩍 들었다.

그때부터 헤르만 헤세에 매료되어 《싯다르타》, 《수레바퀴 아래에서》,《유리알 유희》 같은 작품을 읽기 시작했다. 하지만 《유리알 유희》는 당시 내게 너무 어려웠다. 언제 기회가 되면 사르트르의 《구토》와 함께 다시 한 번 꼭 읽어보고 싶은 책이다.

"나는 시인이 되지 않으면 아무것도 되지 않겠다."

헤르만 헤세는 열세 살에 이미 자신의 꿈을 정했다. 그처럼 수많은 나라를 돌아다녔던 작가도 없을 것이다. 헤세는 수도원 신학교에서 도망친 후 이스탄불과 이탈리아를 비롯해 유럽 여러 나라를 떠돌았다. 화가 친구와는 인도 여행을 떠나기도 했다. 홍해를 거쳐 스리랑카, 싱가포르, 남수마트라를 여행하기도 했다.

전쟁과 나치를 반대했다는 이유로 조국인 독일에서 매국노라는 소리를 들어야 했던 헤세는 스위스 국적을 취득해 그곳에서 집필 활동을 했다. 그리고 1946년 노벨 문학상을 받는 영예를 안았다. 헤세가 이처럼 많은 나라를 거치며 방랑 생활을 한 것은 자신의 소설처럼 '하나의 세계를 깨뜨리기 위해서'였다.

"말로 갈 수도, 차로 갈 수도, 둘이서 갈 수도, 셋이서 갈 수도 있다. 하지만 맨 마지막 한 걸음은 자기 혼자서 걷지 않으면 안 된다."

<u>꿈과 성공을 바란다면 먼저 자신을 둘러싸고 있는 세계부터 깨기 위해 투쟁해야 한다. 당신이 깨야 할 것은 세상에서 고정관념, 관습, 법칙, 이론, 진리, 도덕, 철학, 상식이라는 이름으로 불리고 통용되는 것들이다.</u>

갈릴레오 갈릴레이 시대에는 지구가 자전한다고 주장하는 것은 신을 모욕하는 중범죄에 속했다. 하지만 그는 법정을 나오면서 '그래도

지구는 돈다'라는 말을 남기며 자신의 생각과 철학을 굽히지 않았다. 당대의 통용되는 진리가 갈릴레오 눈에는 거짓이었던 것이다. 뉴턴과 아인슈타인도 비슷한 과정을 거쳤다. 그리고 또 한 사람, 콜럼버스도 그랬다.

콜럼버스는 서민의 아들로 태어났다. 그의 부모는 몇 차례 장사에 실패했고 집에 먹을 것이 없을 정도로 궁핍했다. 그 탓에 콜럼버스는 정식 교육은 꿈도 꾸지 못했으며 생계를 이어나가기 위해 어린 시절부터 돈을 벌어야 했다. 설상가상으로 아버지를 대신해 빚보증을 잘못 서서 빚더미에 올라섰다. 그때부터 콜럼버스는 호시탐탐 신분 상승의 기회를 노리며 야망을 키웠다. 그 결과 신대륙을 찾아나서는 계기가 되었다.

신대륙을 찾아나서겠다는 열의까지는 좋았지만 큰 문제가 도사리고 있었다. 당시만 해도 지구는 원형이 아니라 평평한 사각형이라고 생각한 것이다. 그래서 배를 타고 멀리 나아가면 지옥으로 떨어져 죽을 것이라는 진리가 팽팽했다. 이런 까닭에 선원들은 쉽사리 콜럼버스의 배에 오르려 하지 않았.

"스스로를 지나치게 믿지 않는 사람에게 신대륙 발견이란 없다."

하지만 콜럼버스는 지구가 둥글다는 것을 굳게 믿고 출항해 결국 지금의 미국을 발견했다. 콜럼버스는 두 가지 큰 오류를 범했다. 첫째 그가 도착한 곳이 인도라고 착각한 것이다. 그래서 그곳에 거주하는 사람들을 인디언이라고 불렀고, 그 명칭은 지금까지도 사용되고 있다.

둘째 애초부터 항로가 잘못되었다. 현대의 과학자와 역사학자들은 오랜 연구 끝에 콜럼버스가 계획한 항로가 수치상의 계산법에 따르면 잘못되었다는 사실을 밝혀냈다. 콜럼버스가 가고자 했던 곳은 아메리카가 아니라 인도였다. 그리고 인도를 향해 갔다. 하지만 자기 확신의 대가였던 콜럼버스는 단 한 번도 자신의 계산이 틀렸다고 생각하지 않았다. 오직 자신의 판단과 직관을 믿었다. 덕분에 그는 인도가 아닌 신대륙을 발견하고 의기양양하게 고향으로 돌아왔다. 여기서 그 유명한 '콜럼버스의 달걀' 일화가 등장한다.

그는 어느 파티에서 자신을 헐뜯는 사람의 이야기를 들었다.

"신대륙 발견이 무슨 대단한 일이라고 저렇게 야단들이람. 그저 배를 타고 서쪽으로 가기만 하면 되는 일 아닌가."

듣고 있던 콜럼버스가 그 사람에게 말했다.

"그럼, 이 달걀을 한 번 세워보게나. 만약 자네가 이 달걀을 세울 수 있다면 오늘 술값은 내가 전부 사겠네."

그러자 사내가 온갖 방법을 이용해 달걀을 세우려고 애를 썼다. 옆에서 그 광경을 흥미롭게 지켜보던 손님들도 달걀을 세우려고 했지만 전부 실패했다.

"그럼, 자네는 이 달걀을 세울 수 있는가?"

사내의 말에 콜럼버스는 주저하지 않고 달걀을 탁자 모서리에 쳐서 깨뜨렸다. 그리고는 탁자 위에 깨진 쪽이 밑으로 가게 해서 달걀을 세웠다. 그러자 그 사내가 말했다.

"하하하. 그렇게 세우는 것은 누구나 할 수 있네."

콜럼버스가 말했다.

"맞아. 누구나 할 수 있지. 하지만 내가 이렇게 달걀을 세우기 전까지 자네들은 이 방법을 몰랐네. 신대륙 발견도 마찬가지일세. 내가 그곳을 발견하기 전까지는 누구도 도전하려고 하지 않았지. 그게 자네들과 나와의 차이일세."

콜럼버스는 당대의 진리와 상식이 영원하지 않다는 것을 알았다. 그 점은 애플을 세계 최고 기업으로 만들어놓은 스티브 잡스도 마찬가지였다. 지금이야 아이팟, 아이폰, 아이패드를 보고 신기해하고 익숙해하지만 그 전에는 모든 컴퓨터 기기는 클릭이 진리이자 상식이었다. 하지만 스티브 잡스는 단순한 디자인과 터치로 일대 혁명을 가져왔다. 그 전에는 꿈도 꾸지 못하는 것이었다. 스티브 잡스도 콜럼버스와 비슷한 이야기를 했다.

"많은 경우 사람들은 원하는 것을 보여주기 전까지는 자신들이 무엇을 원하는지도 모른다."

갈릴레오 갈릴레이, 콜럼버스, 스티브 잡스는 당대의 진리와 상식이 불변하다는 것에 의문을 제기했다. 그리고 바꾸려고 했다. 사람들에게 자신들이 생각하고 발견한 진리와 상식을 알려주는 게 그들의 꿈이었고 목표였다. 그건 혁신의 다른 이름이었다.

헤르만 헤세의 《데미안》처럼 알은 스스로 깨야 한다. 간절한 마음과 노력 없이 꿈을 이루기란 쉽지 않다. 새가 알을 깨는 고통을 느끼지 않고서 세상 밖으로 나올 수 없듯, 사람 역시 어떠한 일을 성취하기 위해 그만큼의 고통을 느끼고 인내해야 한다. 새는 아프락사스라는 신을 향해 날아가듯 사람 역시 저마다의 꿈과 목표를 이루기 위해 비상해야 한다.

<u>스스로 알을 깨면 예쁜 병아리가 되지만, 남이 알을 깨주면 철판 위의 계란 프라이가 된다는 사실을 명심하라.</u>

11

터닝 포인트에 집착하기보다는 나만의 티핑 포인트를 찾아라

다음 가수는 누구일까?

2001년 첫 음반을 발매하며 데뷔했지만 부적절한 내용이 포함되어 있다는 이유로 벌금을 냈다. 두 번째 음반도 19세 미만에 판매가 금지되면서 논란이 일었다. 엎친 데 덮친 격으로 그해 대마초 흡입 혐의로 경찰에 검거되어 벌금 500만 원을 선고받았다. 2002년 영화 〈몽정기〉에서 교생 석구 역으로 출연해 엽기적인 연기를 보여줬다. 2003년 병역 특례 요원으로 군 대체 복무를 했지만 2007년 부실 근무가 발각되어 재입대했다. 그렇게 총 5년간의 군대생활을 했다. 재입대를 했을 당시 그의 나이는 서른 살이었고, 아내와 쌍둥이 딸이 있었다. 뮤지션으로서 실력이 출중했던 그는 이승기의 데뷔곡 〈내 여자라니까〉를 비롯하여 렉시의 〈애송이〉, 임창정의 〈Bye〉, DJ DOC의 〈나 이런 사람이야〉, 서인영의 〈신데렐라〉, 아이비의 〈Touch Me〉 등을 작사, 작곡했다.

이쯤 되면 대중음악에 문외한인 사람도 얼른 싸이를 떠올릴 것이다. 본명 박재상. 그는 2012년에 발표한 〈강남스타일〉로 세계적인 가수가 되었다. 미국 빌보드 차트 7주 연속 2위를 차지하는가 하면 유튜브에서 12억 뷰를 돌파하며 역대 조회수 1위를 차지했다. 더욱 대단한 것은 이 12억 뷰가 유튜브를 금지하는 중국 인구 13억이 포함되지 않았다는 사실이다. 이 기록은 지금 이 순간에도 계속 갱신되고 있다.

이 한 편의 비디오와 노래로 싸이는 버락 오바마, 빌 클린턴 같은 정치 리더뿐만 아니라 브리트니 스피어스, 톰 크루즈, 마돈나, MC 해머 등 수많은 미국 연예 종사자를 환호하게 만들었다. 특히 유명한 팝스타인 브리트니 스피어스에게 말춤을 가르치며 내뱉은 "옷은 고급스럽게, 춤은 저렴하게"Dress Classy, Dance Cheesy는 일약 세계적인 명언이 되었다.

그렇다면 〈강남스타일〉이 전 세계적으로 메가 히트를 친 이유는 무엇일까? 많은 학자와 연구가들이 코믹한 춤, 따라 부르기 쉬운 멜로디와 반복되는 리듬 등을 그 이유로 든다. 하지만 공통적으로 이야기하는 것이 바로 자발적인 시청자들의 패러디물 제작과 급속도로 퍼진 확장성이다. 싸이 측은 이 비디오물의 저작권을 프리로 설정해 누구나 만들 수 있게 유도했다. 처음에는 '홍대스타일', '대구스타일' 등 국내에서 주로 유행하던 패러디는 차츰 해외로 번져나가 '뉴욕스타일', '방콕스타일', '파리스타일', '간달프스타일' 등의 패러디를 양산했다. 그 결과 〈강남스타일〉과 관련된 패러디 영상물은 2012년 12월 기준으로 65만여 건을 기록하며 최단 기간 내 패러디 수를 기록한 원작 영상물이 되었다. 대중문화를 공급받는 수용자에서 직접 제작하여 공유하는 공급자로 적극 나선 세계 네티즌들의 모습을 지켜보며 라이언 왓슨 교수의 〈100마리째 원숭이 현상〉이라는 이론이 떠올랐다.

1950년 일본 교토 대학 영장류 연구소 연구원들이 미야자키 현 소재 무인도인 고지마 섬을 발견했다. 그 섬에는 20여 마리의 원숭이들이 살고 있었는데 주식은 고구마였다. 흥미를 느낀 연구원들은 그날부터 원숭이들의 모습을 관찰하기 시작했다.

어느 날 18개월 된 어린 암놈이 고구마를 강물에 씻어 먹기 시작했다. 그동안 이곳 원숭이들은 흙이 잔뜩 묻은 고구마를 그냥 먹었다. 하지만 어린 암놈이 씻어 먹는 것을 본 일부 원숭이들이 그를 따라서 강물에 씻은 후 고구마를 먹기 시작했다. 그렇게 4년이 지나자 20마리 중 15마리가 고구마를 물에 씻어 먹게 되었다.

그러던 어느 해 가뭄이 심해 강물이 말라버렸다. 원숭이들은 고구마를 씻을 곳이 없자 바다로 달려갔다. 그리고 고구마를 바다에 씻어서 먹기 시작했다. 바닷물에 씻은 고구마는 염분으로 인해 더욱 맛이 있었다. 그 후 원숭이들은 계속 바닷물에 고구마를 씻어 먹었다. 수년이 지나자 이들 가운데 75퍼센트가 고구마를 바닷물에 씻어 먹었다.

그런데 신기한 일이 벌어졌다. 그 인근 무인도에 사는 원숭이들은 물론이고, 멀리 떨어진 다카자키 산에 사는 원숭이에 이르기까지 동시다발적으로 이들과 똑같이 고구마를 씻어 먹는다는 사실이 확인되었다. 이들끼리 교감이 있는 것도 아니고 사람이 원숭이들을 이주시킨 것도 아니었지만 무인도에서 시작된 행위가 여러 곳으로 전파된 것이다.

미국의 과학자이자 미래학자인 라이언 왓슨은 이러한 원숭이들의 행태를 어떠한 기존 이론으로도 해석할 수 없어 결국 〈100마리째 원숭이 현상〉이라 명명했다. 어떤 행위를 하는 개체수가 일정량에 달하면 그 행동은 그 집단에만 국한되지 않고 공간을 넘어 확산되어가는 불가사의한 현상이 일어난다는 것이다. 즉 고구마를 씻어 먹는 원숭이의 수가 임계치臨界値를 넘어서서 거리와 공간을 초월해 다른 집단으로 전파되었다는 것이다. 라이언 왓슨은 그 임계치를 100마리로 규정한 것이다.

싸이의 〈강남스타일〉 현상과 라이언 왓슨의 〈100마리째 원숭이 현상〉은 또 다른 시각에서 접근할 수 있다. 바로 티핑 포인트 tipping point가 그것이다. 이 '티핑 포인트 이론'은 유명한 저술가이자 2005년 미국 〈타임〉지가 선정한 '세계에서 가장 영향력 있는 100인'에 선정된 말콤 글래드웰의 저서 이름이기도 하다. 국내에도 수많은 팬을 거느리고 있는 말콤 글래드웰은 《아웃라이어》, 《블링크》, 《그 개는 무엇을 보았나》를 통해 인간사의 모든 영역에서 일화와 비사들을 끌어오며 풍부한 사례를 장착한 신선한 분석과 매력적인 문장으로 전 세계인을 사로잡았다.

말콤 글래드웰이 논한 티핑 포인트란 어떤 상품이나 아이디어가 마치 전염병처럼 폭발적으로 번지는 순간을 말한다. 이 티핑 포인트를 구성하는 요소에는 '소수의 법칙', '고착성의 법칙', '상황의 힘 법칙' 등이 있다. 소수의 법칙은 열정적이고 영향력 있는 소수에 의해 전파된다는 것이고, 고착성의 법칙은 전해지는 메시지가 흡입력을 갖고 있어 사람들의 기억 속에 고착돼야 행동을 변하게 한다는 것이다. 상황의 법칙은 주변의 상황이 맞아떨어져야 잘 전파될 수 있다는 것이다. 이런 세 가지의 공식만으로도 싸이의 〈강남스타일〉과 라이언 왓슨의 〈100마리째 원숭이 현상〉은 충분히 설명될 수 있다.

이 티핑 포인트는 기획 업무나 마케팅을 담당하는 사람들에게는 필수적인 이론이다. 아마 많은 분이 이 이론을 알고 있을 것이다.

하나의 상품을 히트시키기 위해서는 티핑 포인트가 무엇인지 제대로 알아야 하고, 어떻게 티핑 포인트를 만들어야 하는지 끊임없이 훈련해야 한다. 잊지 말아야 할 것은 꿈과 인생에도 티핑 포인트가 존재한다는 사실이다.

"지금이 내 인생의 터닝 포인트야!"
"너를 만난 건 제2의 터닝 포인트야!"

우리는 흔히 터닝 포인트를 자주 이야기한다. 티핑 포인트가 임계점의 의미를 갖는다면 터닝 포인트는 분기점의 의미를 내포한다. 방향전환지점 정도가 될까. 인생이나 일에 있어 전환점이나 갈림길에 놓이는 상황이다. 둘은 닮아 있는 것 같지만 속내를 들여다보면 많이 다르다.

싸이의 인생에는 수많은 터닝 포인트가 있었다. 풍족한 집안에서 태어난 덕분에 미국 유학을 갈 수 있었고, 버클리 음대에 입학할 수도 있었다. 뉴욕에서 자연스럽게 영어를 접했고, 자신의 의사를 영어로 표현할 줄 알았다. 병역 비리로 군대에 입대한 것도 중요한 터닝 포인트였다. 그 속에서 싸이는 대한민국에서 군 생활이 갖는 의미가 무엇인지 절실하게 깨달을 수 있었다. 덕분에 애국심도 생겼다. 제대 후에는 여러 군부대를 찾아다니며 무료 공연을 하고, 후원을 아끼지 않았다. 싸이가 자신의 약속을 지키기 위해 벌였던 서울 시청 앞 무료 공연. 10만 명이 넘게 모인 화려한 공연의 시작은 커다란 화면에 태극기를 띄우고, 관중과 함께 애국가를 부르는 것이었다.

"나 완전히 새됐어."

싸이의 데뷔곡 〈새〉의 마지막 부분을 기억할 것이다. 처음 그를 봤을 때 사람들은 요즘 말로 빵 터졌다. 뚱뚱하고 배가 나온 한 청년이 요상한 노래와 춤을 추며 두 팔을 새처럼 벌리던 모습이 아직도 기억에 생생하다. 이 데뷔곡으로 싸이는 전지현, 차태현 주연의 영화 〈엽기적인 그녀〉와 더불어 우리 사회에 '엽기'라는 코드를 만들어내는 데 일등공신이 되었다.

어렸을 때부터 B급 문화의 신봉자였던 싸이는 자신이 좋아하고 하고 싶은 음악 세계를 마음껏 펼쳤다. 사람들이 보기에는 엽기였지만 그에게는 진지한 음악 세계의 표현이었다. 〈새〉를 부를 때 싸이의 모습은 한없이 진지하다. 마치 제단에서 제사를 지내는 제사장 같이 엄숙하고 경건하다. 그 모습이 보는 이에게 더욱 웃음을 자아내게 하지만 말이다.

대마초와 병역 비리 등으로 수십만 안티를 몰고 다닐 때 잠시 음악을 접고 후배 양성에 뛰어든 것도 그에게는 터닝 포인트였다. 이승기의 〈내 여자라니까〉 등의 수많은 히트곡을 작사, 작곡한 것이다. 자신의 음악이 대중에게 환호를 받지 못할 때 한 발짝 물러서서 다른 길을 모색해야 한다는 것을 싸이는 알고 있었다. 그리고 때를 기다렸다. 이런 싸이에게 수많은 터닝 포인트가 모여 드디어 티핑 포인트가 일어났다. 바로 〈강남스타일〉의 메가 히트가 그것이다. 이 티핑 포인트로 인해 싸이는 다시 한 번 자신의 인생에서 터닝 포인트를 맞이하고 있다.

싸이의 성공 요인에는 유창한 영어 실력과 유머 감각, 감각적인 뮤직비디오 연출, B급 문화의 집착, 색다른 볼거리 위주의 공연 연출 등이 있었다. 그가 만약 유창한 영어 실력을 갖추지 못했다면, 미국을 비롯한 전 세계에서 그렇게 많은 쇼에 출연하고 여러 사람과 소통하지 못했을 것이다. 영어에 대한 두려움이 없었던 싸이는 급기야 전 세계인이 지켜보는 MTV 시상식에서 마이크를 잡고 "기분이 너무 좋고 행복하다. 이 무대에서 한 번쯤은 한국말로 해보고 싶었다. '죽이지?"라고 자랑했다.

 이 장면을 지켜보면서 가슴이 찡했다. 저 여유로움, 저 능청, 저 자신감. 역시 싸이다웠다. 다소 마찰과 잡음이 있었지만 '콘서트의 신'이라 불리는 김장훈과의 만남은 그에게 무대 연출의 신세계를 열어주는 터닝 포인트가 되었다.

 여기서 주목할 것은 싸이의 〈강남스타일〉이 우연히 히트하지 않았다는 것이다. 싸이가 그동안 자신의 스타일을 모두 버리고 새로운 음악을 보여준 것이 아니다. 그냥 평소대로 했다. 달라진 것이 있다면 초심을 잃지 않기 위해 더욱 싸이다워졌다는 것. 싸이는 그동안 꾸준히 음악 활동을 해왔고 그의 진가가 드디어 인정받기 시작한 것이다. 싸이 인생의 티핑 포인트가 일어난 것이다.

 <u>물은 98도나 99도에서 끓지 않는다. 임계점에 도달하지 못했기 때문이다. 물은 100도가 되어야 끓기 시작한다. 100도가 되는 지점이 티핑 포인트인데, 싸이는 그동안 끊임없이 물을 끓여왔던 것이다. 그리고 마침내 100도가 된 것이다. 기억할 것은 같은 물이라도 99도의 물과 100도의 물은 다르다는 것이다.</u>

 우리 삶에도 이 티핑 포인트를 기다리지 못해 성취의 기쁨을 누리지 못하는 경우가 많다. 제 길이 아니라고 생각해서 터닝을 하는 경우도 많다. 1도만 더 끓으면 티핑 포인트에 도달하는데 그걸 참지 못하거나 자신을 믿지 못해 인생의 키를 다른 방향으로 돌린다. 에디슨이 말한 "인생에서 실패한 사람 중 다수는 성공을 목전에 두고도 모

른 채 포기한 이들이다"는 말을 기억해야 한다. 에디슨은 백열 전구를 2000번의 실험 끝에 발명했다.

한 기자가 물었다.

"어떻게 2000번의 실패를 견디어냈느냐?"

에디슨은 웃으면서 대답했다.

"2000번의 실패라뇨? 저는 단지 2000번의 과정을 거쳐 전구를 발명했을 뿐입니다."

티핑 포인트는 히트 상품에만 존재하는 게 아니다. 당신의 삶에도 존재한다. 그러니 터닝 포인트에만 너무 집착하지 마라. 좋은 학교를 나오면 좋은 곳에 취직을 할 수 있고, 좋은 직장을 다니면 좋은 배우자를 만날 수 있다는 생각을 잠시 접어두라. 그보다는 당신의 티핑 포인트가 무엇이고 언제쯤 오는지를 예측해야 한다. 가장 좋은 것은 터닝 포인트 – 티핑 포인트 – 터닝 포인트 – 티핑 포인트처럼 순선환구조를 만드는 것이다.

이 놀라운 구조를 경험한 사람은 본능적으로 티핑 포인트를 찾기 위해 또다시 터닝을 시도한다. 100도가 될 때까지 끊임없이 마음속에서 불을 지핀다.

이 책의 메시지는 단순하다. 꿈을 이루기보다는 누군가의 꿈이 되기 위해 노력하라는 것이다. 잘 생각해보면 이 말의 숨겨진 의미가 무엇인지 알 것이다.

유대인의 지혜를 담은 《탈무드》에는 '고기를 잡아주기보다는 고기 잡는 법을 알려주라'는 명언이 나온다. 나는 여기서 더 한 발짝 나가야 한다고 생각한다. 지금 현대 사회는 단순히 고기 잡는 법을 가르쳐주는 것에서 끝나서는 안 된다. 왜 고기를 잡아야 하는지 알려줘야 한다. 그리고 고기를 잡으면 어떤 일이 좋아지고 어떤 변화가 생기는지 알려줘야 한다.

꿈도 마찬가지이다. 단순히 '꿈을 갖는 것은 중요하다', '꿈이 없는 사람은 미래가 없다', '꿈은 반드시 이루어진다'라고 말해줘서는 안 된다. 왜 꿈을 가져야 하고, 꿈을 가지면 인생이 어떻게 바뀌는지 알려줘야 한다. 이러한 이유 때문에 이 책이 시작되었다. 꿈을 이루기 위해 노력하되 마음속에 늘 자신이 이룬 꿈이 누군가의 또 다른 꿈이 된다는 동기부여와 책임감을 가졌으면 하는 바람에서이다.

백범 김구 선생이 좌우명으로 삼은 서산대사의 시 〈야설〉夜雪에는 이런 구절이 나온다.

눈 덮인 들판을 걸을 때 함부로 어지러이 걷지 마라.
오늘 내가 남긴 발자취는 뒷사람의 이정표가 되나니.

당신이 꿈을 가지고 마침내 그 꿈을 이루면 다른 사람들에게도 큰 영향을 끼친다는 사실을 기억해야 한다. 싸이의 성공 때문에 가수 지망생들은 빌보드 1위를 목표로 달려갈 것이다. 박찬호와 류현진의 꿈을 보고 어린 야구 선수들은 운동장에서 땀을 흘릴 것이고, 김연아와 박태환을 보고 스포츠 꿈나무들은 금메달 세 개를 목에 거는 꿈을 가질 것이다. 반기문 UN사무총장을 보고 아시아 최초의 미국 대통령을 꿈꾸는 사람도 있을 것이다.

 당신이 꾸는 꿈이 100마리째 원숭이 현상과 티핑 포인트처럼 될 수 있음을 명심하라. 당신이 이룬 꿈은 누군가에게 소중하고 자랑스러운 또 다른 꿈으로 태어날 것이다.

12

꿈과 목표를 위해
공개 선언 효과를 활용하라

세계에서 가장 영향력 있는 심리학자이자 행동 및 인지치료학회장으로 활동하고 있는 스티븐 헤이스Steven Hayes 박사가 대학생을 대상으로 재미있는 실험을 했다.

'꿈을 이루기 위해서는 분명한 목표가 있어야 해. 목표 공개 여부에 따라 학생들의 성적이 어떻게 변화하는지 알아보자.'

스티븐은 학생들을 세 그룹으로 나누었다. 첫 번째 그룹은 자기가 받고 싶은 목표 점수를 다른 학생들 앞에서 공개하도록 했다. 두 번째 그룹은 목표 점수를 마음속으로만 생각하게 했다. 세 번째 그룹은 목표 점수에 대한 어떤 요청도 하지 않았다.

실험 결과 흥미로운 사실이 밝혀졌다. 자신의 목표를 다른 학생 앞에서 공개한 첫 번째 그룹이 두 그룹보다 현저하게 높은 점수를 받았다. 결심을 마음속에 간직한 두 번째 그룹은 아예 결심을 하지 않은 세 번째 그룹과 별 차이가 없었다.

이처럼 사람들은 말이나 글로 자신의 생각을 타인 앞에서 공개하면 그 생각을 끝까지 고수하려는 경향이 있다. 이를 공개 선언 효과 Public Commitment Effect라고 한다. 한번 타인 앞에서 '나는 이렇게 하겠다'고 선언해버리면 이미 뒤로 물러날 수 없게 되어 그것을 이루려는 동기가 높아진다. 그래서 어떤 목표를 세우고 달성하려고 할 때 이 공개 선언 효과를 이용하면 뜻하지 않는 성과를 이룰 수 있다.

요즘 문화 예술계에서는 이 공개 선언 효과가 대유행이다.

"관객 500만 명이 넘으면 500만 번째 관객에게 키스를 해주겠다."

"시청률 20퍼센트가 넘으면 명동에서 말춤을 추겠다."

"음반 차트 1위를 하면 무료 공연을 하겠다."

인터뷰나 예능 프로그램에 나오는 연예인들은 한결같이 '공약'을 내세운다. 사회자도 그걸 유도한다. 심지어는 그것을 마케팅 수단으로 사용하는 경우도 많아졌다.

러시아 출신의 여배우 라리사가 출연한 〈교수와 여제자〉라는 연극에서는 "대선 투표율이 70퍼센트가 넘으면 무대에서 나체로 말춤을 추겠다"는 자극적인 공약을 내세웠다. 실제로 투표율이 70퍼센트를 넘자 배우들이 무대에서 단체로 말춤을 추었다. 이 이슈를 언론이 놓칠 리가 없었다. 관련 기사가 100여 건이 넘게 쏟아졌고, 이 연극은 일약 화제가 되어 대히트를 했다.

이처럼 공약이 유행처럼 번지는 것은 지난 대통령 선거와 영화 마케팅 영향이 크다. 영화 시사회에 가면 배우들의 공약 선언이 하나의 문화로 자리 잡았을 정도이다. 여기에 트위터 등 소셜 네트워크를 기반으로 한 입소문 전략도 한몫을 한다. 하지만 그 이면에는 바로 공개 선언 효과의 파급력이 얼마나 크고 중요한지를 알고 그것을 활용하는 마케팅 전문가의 전략이 숨겨져 있다.

'600만 명이 넘으면 송중기가 홍대에 나와 하루 동안 모든 사람에게 포옹을 해준대.'

이 같은 공약만큼 더 큰 홍보가 있을까? 사람들은 송중기가 출연하는 영화에 대한 정보보다 그가 포옹을 해준다는 사실에 주목하고 열광한다. 이러한 정보는 빠른 속도로 퍼진다. 그리고 그 공약을 한 배우는 그것을 실천하기 위해 쉴 새 없이 뛰어다닌다. 예능 프로그램은 물론이거니와 자신이 필요로 하는 곳이라면 어디든 달려간다. 자신의 공약을 지키기 위해서다.

이렇듯 공개 선언은 일거양득의 효과가 있다. 선언을 하는 사람은 그 약속을 지키기 위해서 자신이 가지고 있는 역량을 최대한 발휘하여 목표를 향해 전진한다. 그리고 그 선언을 전해 들은 사람은 그걸 전파하는 동시에 그 목표가 이루어지기를 간절히 소망한다.

내 주변에도 이 같은 공개 선언으로 자신의 꿈을 이룬 이가 있다.

후배인 K군은 영화사의 마케팅 담당 부서에서 일하고 있었다. 영화사라고 해봤자 사장까지 포함해 3명밖에 안 되는 작은 회사였다. K군은 대학 때부터 무작정 영화가 좋아 영화 동아리에도 가입하고 직접 영화를 찍기도 했다. 졸업이 다가오자 K군은 진로에 대해 고민하기 시작했다. 자신이 좋아하는 영화를 하기에는 너무 박봉이고, 일반 기업에 취직하자니 마음이 내키지 않았다.

그러던 어느 날 한 선배가 K군에게 말했다.

"네가 좋아하는 일에서 멀어지지마. 너무 멀리 가면 다시는 돌아오기 힘들다. 직장을 구하기보다는 직업을 구해라. 취직이 아니라 취업을 해. 평생 네가 하고 싶고 후회하지 않을 일을 해. 비록 당장은 보수가 작고 미래가 불투명하더라도."

K군은 영화사에 취직을 했다. 그의 꿈은 유명한 영화 평론가가 되는 것이었다. 하지만 영화사 일은 K군이 생각했던 것과는 달랐다. 매일 시나리오를 검토하고 밤새도록 일을 했지만 그에게 돌아오는 것은 150만 원 남짓한 월급뿐이었다. 3년 차가 되자 K군은 서서히 지치기 시작했다.

그러던 어느 날 자신이 스태프로 참가한 영화가 포털 사이트 메인에 떴다. K군이 클릭해서 따라가 보니 한 영화 블로그였다. 하루 방문자 수가 무려 14만 명, 누적 합계 5천만 명이 넘는 블로그였다. 댓글도 300여 개가 넘게 달려 있었다. 소위 말하는 파워 블로그. 그날부터 K군은 그 블로그를 유심히 지켜봤다. 그 영화 블로그의 글은 평균 1주일에 한 번씩 포털 사이트에 메인을 장식했다. 어떤 영화 전문 기자가 쓴 기사보다 파급력이 높았다.

'이게 도대체 얼마짜리 광고야!'

그 블로그가 작성한 포스팅을 광고 단가로 환산해보니 수천만 원이 넘었다. K군은 깜짝 놀랐다. 영화사에 다니면서 블로그 파워의 위력을 알았지만 이 정도인줄은 몰랐다. 특히 파워 블로거라는 타이틀을 단 10여 명의 블로그는 그야말로 강력한 홍보 수단이었다.

K군의 머리에 섬광처럼 한 줄기 빛이 쏟아졌다.

'그래, 바로 이거야! 나만의 영화 세상을 만들어보는 거야.'

그날부터 K군은 블로그를 시작했다. 우선 파워 블로거들의 글을 며칠 동안 전부 읽었다. 높은 퀄리티를 자랑하는 블로그도 있었지만 대개는 평범한 수준이었다. 무엇보다 영화에 관한 리뷰에 깊이가 없었다. 영화를 좋아하고, 영화 일을 하는 K군에겐 유리한 조건이었다.

'이 정도면 내가 더 잘 쓸 수 있어. 누구보다 많은 영화를 봤고, 글 쓰는 훈련도 많이 했잖아.'

K군은 그동안 자신이 봤던 영화에 대해 이야기하기 시작했다. 그리고 한 가지 원칙을 지켰다. 어떠한 일이 있어도 하루에 하나씩의 글을 올리는 것. 그건 자신만의 다짐이었다. 그리고 또 한 가지. 만나는 사람들마다 자신의 목표를 이야기하는 것이었다.

"저는 일 년 안에 영화 부문 파워 블로그가 될 거예요."

주위의 반응은 차가웠다.

"파워 블로그는 아무나 되는 줄 알아."

"두고 보세요. 전 꼭 1년 안에 파워 블로그가 될 거예요.'

K군은 그 다짐을 지키기 위해 술도 끊었다. 퇴근을 하면 곧장 집으

로 돌아가 옛날 영화부터 최근 영화까지 자신의 생각과 감상을 적어 나갔다. 처음에는 하루 100명 남짓 들어오지 않던 블로그가 다섯 달이 지나자 1000여 명으로 늘어났다. 그리고 어느 날. 자신이 쓴 글이 포털 사이트 메인을 장식했다. K군은 입이 찢어져라 좋아했지만 그다음 날도 글을 멈추지 않았다. 그리고 사람들을 만날 때마다 한결같이 말했다.

"두고 보세요. 전 반드시 파워 블로거가 될 거예요."

그렇게 5개월을 하고 보니 요령도 생기고, 글 쓰는 방식도 늘어났다. 그렇게 자신과 약속하고, 다른 사람 앞에서 선언한 1년이 지나갔다. 그동안 K군의 글은 14번이나 메인을 장식했고, 0에서 시작한 방문자 수도 어느새 100만 명이 훌쩍 넘었다.

"만세!"

어느 날 메일함을 열어본 K군은 자신도 모르게 만세를 불렀다. 메일에는 '파워 블로그로 선정되신 것을 진심으로 축하드립니다'라는 문구가 적혀 있었다. 파워 블로그를 상징하는 엠블럼과 퍼스나콘을 본 K군은 자신의 꿈이 이루어졌다는 것에 환호했다. 하지만 그 기쁨은 뒤에 K군이 겪은 일에 비하면 작은 시작에 불과했다.

K군이 파워 블로그가 되자 방문자 수는 더욱 많아졌고, 메인을 장식하는 일도 잦아졌다. K군은 어느새 영화 블로그에서 유명 인사가 되었고, 수많은 영화사로부터 시사회에 참석해 리뷰를 써달라는 요청을 받았다. 블로그에 영화 광고 배너만 달아줘도 수백만 원을 준다는 제의도 있었다. 하지만 K군은 이런 모든 것을 거절했다.

'영화가 좋아서 순수하게 시작한 일이야. 돈을 받고 글을 쓰지는 않을 거야.'

그사이 영화계에서도 K군의 소문이 돌기 시작했다.

"자네와 함께 일해보고 싶네. 우린 자네가 꼭 필요해."

이름만 되면 알만한 유명한 영화사에서 스카우트 제의가 들어왔다. 평소 K군이 꼭 일해보고 싶은 영화사였다. 대학 졸업 후 면접을 보았지만 자신을 받아주지 않았던 영화사에서 그를 필요로 하고 있었다. 연봉은 지금의 직장보다 무려 세 배나 높았다.

K군은 지금 그 영화사에서 실장으로 근무하고 있다. 몇 달 전에는 결혼을 해서 행복한 가정도 꾸렸다. 선언 효과와 블로그 덕분에 인생의 전환기를 맞은 K군은 그 후부터 공개 선언의 전도사가 되었다.

비단 K군 뿐만 아니다. 역사에는 이 공개 선언으로 더욱 유명해진 인물이 많다. 복싱 챔피언 무하마드 알리와 홈런왕 베이브 루스가 그 대표적이다.

'나비처럼 날아가 벌처럼 쏘겠다'라는 유명한 말을 남긴 무하마드 알리. 그는 열두 살 때 자전거를 훔치다 경찰에 잡혔다. 그의 건장한 체격을 눈여겨본 경찰관은 권투를 권유했고 알리는 권투 선수가 되었다. 아마추어에서 108승 8패를 기록한 알리는 프로로 전향해 1960년 세계 헤비급 챔피언이 되었다.

그 후 월남 전쟁 중 소집 영장을 받고 남의 목숨을 빼앗는 전쟁에 나가는 것보다는 차라리 형무소를 택하겠다고 거절하여 세계 챔피언의 자격을 박탈당했다. 그러나 1974년 챔피언을 KO시키고 기적적인 컴백을 알린 알리는 경기 시작 전 큰소리를 치며 이렇게 말했다.

"4회 안에 저 친구를 KO시키겠다!"

그리고 정말 4회 안에 상대 선수를 링 위에 눕혔다. 알리는 사람들의 관심을 자기에게 집중시킴으로써 자기 스스로를 고무시키는 공개 선언 효과를 잘 알고 있었다. 그리고 그걸 십분 활용했다.

홈런왕 베이브 루스도 공개 선언 효과를 잘 알고 있었다. 메이저리그 정규 시즌에서 통산 2503게임에 출전하여 714개의 홈런, 2056개의 볼넷, 2211개의 타점, 2056개의 4구, 1330개의 삼진, 2873개의 안타, 506개의 3루타, 136개의 3루타를 친 베이브 루스. 그의 장타율은 무려 6할 9푼이었고 통산 타율 3할 4푼 2리를 기록한 전설의 강타자였다.

베이브 루스가 어느 경기에서 타석에 들어서자마자 방망이로 왼쪽 스탠드를 가리켰다. 관객은 그의 기이한 행동에 웅성거렸다.

"저건 뭐지? 저쪽으로 홈런을 치겠다는 거야?"

"하하하. 역시 쇼맨십이 대단한 선수야!"

투수의 공이 베이브 루스 쪽으로 날아오자 힘껏 방망이를 돌렸다. 공은 맞는 순간 빠른 속도로 왼쪽 스탠드로 날아갔다. 조금 전 자신이 가리킨 그 방향 그대로였다. 그날부터 베이브 루스의 홈런 방향 예고는 메이저리그 팬들에게 또 다른 즐거움이 되었다. 그냥 홈런 치기도 어려운데, 타석에 들어서자마자 홈런 방향을 예고했던 베이브 루스의 행동 때문에 상대 투수와 선수들은 바짝 긴장해야만 했다.

만약 당신이 어떤 꿈과 목표를 향해 달리고 있는데 집중할 수 없거나 의지가 약하다고 느낀다면 이 공개 선언 효과를 활용해보는 것이 좋다. 물론 여기에는 한 가지 조건이 있다. 허황된 선언이나 거짓말을 해서는 안 된다는 것이다. 무엇보다 그 꿈이 오직 하나이고, 기한이 정해져 있어야 한다. <u>마음속에 그런 꿈과 목표가 있다면 오늘부터라도 만나는 사람마다 공개 선언을 해보기 바란다. 당신에게도 놀라운 기적이 일어날 것이다.</u>

13

돈과 명예보다는
자신이 좋아하는 일을 해라

미국을 대표하는 명문 대학 중 하나인 컬럼비아 대학 강당. 이곳에 수많은 학생과 교직원이 강당 안으로 모여들었다. 객석은 이미 만석이었고 복도까지 사람으로 가득 찼다. 오직 한 사람의 강연을 듣기 위해 모인 청중은 오늘의 주인공인 사내가 연단 앞에 서자 우레와 같은 박수를 보냈다.

"이제 나도 부자가 될 수 있겠구나."

"그와 점심을 먹으려면 백만 달러를 내야 한다는데 오늘은 공짜라서 더욱 좋아."

여기저기서 청중이 웅성거리는 소리가 들려왔다. 그가 연단에 서서 강연을 시작하자 모두 숨죽인 듯이 귀를 쫑긋 세웠다. 중간 중간 웃음과 박수가 터져 나왔고 잠시 후 그의 연설이 모두 끝났다. 그리고 학생들의 질문이 이어졌다. 건장하고 핸섬해 보이는 한 남학생이 손을 들고 질문했다.

"선생님은 세계 최고의 부자이십니다. 어떻게 하면 그렇게 성공할 수 있을까요? 그 비결을 말해줄 수 있나요?"

여기저기서 웅성거리는 소리가 들려왔다. 강당에 모인 모두가 궁금해하는 질문이었다. 청중의 눈과 귀는 모두 그의 입에 쏠렸다. 드디어 연설자가 천천히 입을 열었다.

"사람들의 생각은 모두 똑같은 것 같습니다. 이 질문은 제가 강연할 때마다 가장 먼저 받는 질문입니다. 미국의 미래 지성인이 모인 컬럼비아 대학도 예외는 아니군요."

여기저기서 멋쩍은 웃음소리가 들려왔다.

"부자가 되기 위해서는… 돈을 많이 벌어줄 것 같은 일을 하지 마십시오. 중요한 것은 자신이 좋아하는 일을 해야 한다는 것입니다. 저는 운 좋게도 좋아하는 일을 일찍 발견할 수 있었습니다. 저는 그 일이 좋아서 끊임없이 그 일에 대해 생각했고, 오늘날 같은 부자가 될 수 있었습니다. 하지만 저는 부자라기보다는 꿈을 이룬 사람일 뿐입니다."

이번에는 한 여학생이 손을 들고 질문했다.

"직업 선택 때문에 고민이 많습니다. 도대체 어떤 직업을 선택해야 좋을까요?"

연설자가 대답했다.

"지금은 힘들어도 10년 후 좋아질 것 같은 회사, 혹은 지금은 보수가 적지만 10년 후에는 열 배를 받게 될 것으로 기대되는 회사, 이런 회사는 절대로 선택하지 마십시오. 지금 즐겁지 못하면 10년 후에도 마찬가지일 겁니다. 앞에서도 말씀드렸지만 자신이 좋아하는 일을 할 수 있는 직업을 선택하십시오. 10년 후 부자가 되더라도 선택하고 싶은 직업, 그런 직업을 선택하십시오."

잠시 후 질문을 마친 강당에는 끊임없는 박수소리가 울려 퍼졌다. 전설이 된 이 강연회에서 무대에 오른 주인공은 워런 버핏. 1956년 100달러로 주식 투자를 시작하여 한때 미국 최고의 갑부까지 올랐던 전설적인 투자의 귀재는 '자신이 좋아하는 일'을 하라고 강조했다.

워런 버핏은 어릴 적부터 숫자놀이를 좋아했고 돈에 관심이 많았다. 중학교 때 이미 "서른다섯 살에 백만장자가 되겠다"는 꿈을 갖게 되었고, 마침내 그 꿈을 이뤘다. 워런 버핏은 부자가 된 성공 요인과 직업 선택에 대한 두 가지 질문에 공통적으로 '자신이 좋아하는 일을 하라'고 조언했다. 2009년 한국을 방문해 이화여대에서 강연을 한 힐러리 클린턴도 비슷한 말을 했다.

"자신이 좋아하는 일을 하십시오. 지금 하는 것을 잘 준비하고 다가오는 기회를 잘 활용하십시오."

워런 버핏은 왜 자신이 잘하고 좋아하는 일을 하라고 강조한 것일까? 이 조언을 뒷받침해줄 흥미로운 연구 결과가 있다.

미국의 스롤리 블로토틱 연구소는 20년간 '직업 선택 동기에 따른

부의 축적 여부'를 조사하여 발표했다. 연구소는 미국 아이비리그 대학 졸업생 1500명에게 다음과 같은 질문을 던졌다.

"사회 생활에 첫발을 내디딜 때, 무엇을 직업이나 직장 선택의 기준으로 삼느냐?"

응답자 중 83퍼센트인 1245명이 '봉급이 많고 승진이 빠른 직장'이라고 답했고, 17퍼센트인 255명 만이 '하고 싶은 일을 하는 것'이라고 답했다.

그로부터 20년 후 이들의 재산 정도를 확인해보니 아이비리그 졸업생답게 전체 1500명 가운데 101명이나 백만장자가 되어 있었다. 놀라운 것은 101명 가운데 딱 한 명을 제외한 나머지 100명이 '자신이 하고 싶은 일'을 택한 17퍼세트에 속한 사람들이었다. 결과적으로 좋아하는 직업을 가지고 일하는 사람이 그렇지 않은 사람보다 부자가 될 가능성이 압도적으로 많다는 것을 입증한 것이다.

위의 연구 결과에서 보듯이 일을 선택할 때는 돈과 조건보다는 자신이 무엇을 잘하고 좋아하는가를 먼저 생각해야 한다. 성공한 사람들의 이야기를 들어보면 스스로 좋아하고 잘하는 일을 하면서 행복을 느끼는 경우가 많다. 자신이 좋아하는 일을 선택하면 아무리 그 일이 힘들어도 충분히 즐거울 수 있기 때문이다. 더구나 그 일을 잘한다면 금상첨화이다. 좋아하는 일과 잘하는 일이 정확히 일치하는 것만큼 큰 행복이 있을까? 간혹 진학을 앞둔 수험생이나 취직을 앞둔 대학생과 꿈에 대한 이야기를 나누다 보면 당황스러운 고백을 받을 때가 있다.

"제가 무엇을 좋아하는지 모르겠어요. 어른 몇 분이 좋아하는 일을 하라고 제게 말해주었습니다. 그리고 저도 좋아하는 일을 해야 된다고 생각해요. 하지만 제가 좋아하는 일이 무엇인지 모르겠어요."

그러면서 이런 역질문을 하기도 한다.

"선생님이 보기에 제가 무엇을 좋아하는 것 같으세요?"

자신이 무엇을 좋아하는지 자신도 모른다면 해답은 쉽지 않다. 그걸 모르니 할 수도 없고, 찾을 수도 없고 목표를 세우거나 도전할 수도 없다. 그러면서 '나는 이 일이 천직과도 같아'라고 말하는 사람을 보면 부러워하거나 시기한다.

'저 사람은 좋겠다. 자신이 좋아하는 일을 하면서 돈도 많이 벌고.'

이런 밑바탕에는 입시 위주의 교육정책이 원인이라고 말하는 이도 있다. 자신의 적성에 맞는 학과보다는 점수에 맞춘 학과와 학교 선택 때문에 울며 겨자 먹기로 세상이 만들어놓은 틀 속에 들어간다는 것이다. 또는 부모님의 기대에 부응하기 위해 부모님이 원하는 일을 해야 한다는 강박관념 속에 살고 있는 이도 있다. 하지만 자신의 꿈과 목표가 확고한 사람들은 자신이 설정해놓은 틀 속에서 세상을 담으려고 한다. 세상이 만들어놓은 제도와 틀 안에서 크게 이탈하지 않고 스스로의 제도와 틀을 만드는 것이다. 중요한 것은 자신이 좋아하는 일을 스스로 찾지 못하면 앞으로도 평생 동안 그 답을 해줄 사람은 없다는 것이다.

그래서 위의 질문처럼 "제가 무엇을 좋아하는 것 같으세요?"라고 묻는 사람은 그 대상이 잘못되었다는 것을 알아야 한다. 그건 바로 당신 자신에게 물어봐야 하는 질문이다. 그리고 스스로 답을 찾아야 한다. 그러기 위해서는 자신과의 진지한 대화가 필요하다.

내가 어떤 일을 할 때 가슴이 뛰고, 신이 나며, 시간 가는 줄 모르는지 알아야 한다. 어떤 일을 할 때 사람들이 '넌 이 일에 소질이 있는 것 같아'라고 말해주는지, 이 일을 하게 되면 세상 어떤 어려움이나 난관이 있어도 극복할 자신이 있는지 가늠해야 한다. 그런 생각이 강하면 강할수록 현재의 것을 떨쳐버리고 자신이 좋아하는 일을 찾아 나설 수 있다.

다행히도 우리 주변에는 그런 사람이 많다. 어릴 때부터 작가가 되고 싶어 국어교육학과를 졸업한 후 동아일보 신춘문예에 당선되며 문단에 데뷔한 청년. 그는 한국 문단을 이끌어나갈 차세대 작가로 꼽혔지만 우연히 보게 된 영화에 매료되었다. 그래서 시나리오를 쓰게 되었다. 그가 쓴 〈그 섬에 가고 싶다〉는 큰 호평을 받았고, 〈아름다운 청년 전태일〉은 백상예술대상 각본상을 받았다. 그러자 이번에는 직접 영화를 만들고 싶었다. 영화 제작에 대해 문외한이었던 그는 30대 후반이라는 늦은 나이에 영화 스태프로 일을 시작했다. 조명기를 들고, 마이크를 들던 제작부 보조를 거쳐 마흔셋이라는 나이에 드디어 데뷔작을 발표한다. 그의 데뷔작인 〈초록물고기〉는 한석규와 문성근을 일약 스타로 만들었으며 청룡영화상 작품상, 감독상, 각본상을 비롯하여 백상예술대상 감독상, 각본상, 대종상 심사위원 특별상, 밴쿠버 영화제 용호상 등 수많은 상을 수상했다. 그가 바로 〈박하사탕〉, 〈오아시스〉, 〈밀양〉 등을 만들었으며 제63회 칸 영화제에서 〈시〉로

각본상을 수상한 이창동 감독이다. 2003년 참여정부 때는 첫 문화부 장관까지 지냈다.

이창동 감독은 자신이 좋아하는 일을 하기 위해 제작부 막내들이 하는 일도 마다하지 않았으며, 나이도 잊고 겸손함을 잃지 않아 자신의 꿈을 이룰 수 있었다. 자신이 하고 싶은 일을 위해 고등학교 국어교사와 소설가를 과감하게 버린 그는 칸 영화제에서 '내 국적은 영화'라는 유명한 명언을 남기며 자신의 꿈을 이루었다.

이렇듯 자신이 하고 싶은 일이 무엇인지 알고, 그 일을 지속적으로 해나가는 사람들은 언젠가 그 꿈을 이루는 경우가 많다. 미국의 유명한 강연자인 시드니 프리드먼은 다음과 같이 말했다.

"자신이 진정 좋아하는 일을 해야 합니다. 자신이 좋아하는 경력을 가져야 해요. 인생을 온통 싫어하는 일에 소비해봤자 아무 소용이 없습니다. 그것은 정말 가치 없는 일입니다. 딱 한 시간 동안 행복하고 싶으면 낮잠을 청하십시오. 하루 동안 행복하고 싶으면 낚시를 하러 가십시오. 일주일 동안이라면 휴가를, 한 달 동안이라면 결혼을 하십시오. 그리고 1년 동안이라면 재산을 물려 받으십시오. 그러나 1년이 지난 후에도, 마음에 두었던 모든 것들을 다 얻은 후에도, 당신이 날마다 하는 일에 행복을 느끼지 못한다면 원하는 것을 다 사들여도 당신은 여전히 불행한 상태로 삶을 끝내게 될 것입니다."

워런 버핏은 증권 세일즈맨이었던 아버지 덕분에 일찍부터 경제관념을 몸에 익혔다. 그는 자신이 돈을 투자해 이익을 남기는 것을 좋아하고 잘한다는 사실을 알았다. 그래서 껌과 콜라를 팔아 이윤을 남기고, 신문 배달을 해서 저축한 돈으로 투자하면서 실무를 익혔다. 그리고 많은 돈을 벌었다. 그가 그저 돈 많은 부자에 불과했다면 오늘날처럼 존경받지 못했을 것이다. 그는 남을 돕는 것도 좋아했고, 하고 싶어했다.

워런 버핏은 미국에서 손가락 안에 꼽히는 부자이지만 근검절약이 몸에 밴 사람이다. 그의 자동차는 10년이 넘은 것이며, 현재 살고 있는 집도 신혼 때 장만한 그대로이다. 운전기사도 없이 혼자 운전을 한다. 워런 버핏은 허세를 부리기 위해 돈을 쓰지 않는다. 대신 33조 원이 넘는 어마어마한 돈을 사회에 기부했다.

자신이 진정 좋아하는 일을 찾아 모든 것을 투자하고 집중하라. 자신이 좋아하는 일이 종교가 되고 국적이 되도록 최선을 다하라.

14
건강은 꿈이라는 식물을 자라게 하는 밑거름이다

이런 우스갯소리가 있다.

10대 때는 돈 많고 성공한 아버지를 두면 성공한 삶이다.
20대 때는 학벌이 좋으면 성공한 삶이다.
30대 때는 예쁜 아내와 좋은 직장이 있으면 성공한 삶이다.
40대 때는 2차를 쏠 수 있으면 성공한 삶이다.
50대 때는 공부를 잘하는 자녀를 두면 성공한 삶이다.
60대 때는 아직도 통장에 월급이 들어올 수 있으면 성공한 삶이다.
70대 때는 건강하면 성공한 삶이다.

80대 때는 본처가 밥 차려주면 성공한 삶이다.

90대 때는 나를 찾는 전화가 오면 성공한 삶이다.

100대 때는 아침에 눈을 뜰 수 있으면 성공한 삶이다.

조금은 씁쓸하면서도 동감이 되는 이야기이다.

삼성경제연구소의 발표에 따르면 2010년 기준 우리나라 평균 수명은 80.8세이고 이에 비해 건강수명은 71세로 조사되었다. 평균적으로 9년 정도는 건강하지 않게 살다 죽는다는 이야기이다. 그래서 저 유머처럼 '70대 때는 건강하면 성공한 삶이다'라는 말이 예사롭지 않게 들린다. 젊었을 때 건강에 대해 신경 쓰지 않다가 70세 때부터 건강의 중요성을 깨닫고 인생을 사는 사람이 있다면 대단히 어리석은 일이다. 건강은 젊었을 때부터 꾸준하게 챙겨야 한다.

염세주의자로 유명한 쇼펜하우어가 "우리들의 행복, 부귀와 명예도 건강에 의해 좌우된다. 건강은 바로 만사의 즐거움과 기쁨의 원천이 된다. 어리석은 일 중에 가장 어리석은 일은 이익을 위해 건강을 희생하는 것이다"라고 말했을 정도로 건강은 여러분의 꿈과 행복을 위해 반드시 필요한 필수 불가결한 요소이다. 즉 건강은 꿈과 성공을 이루기 위한 밑거름과도 같다.

어떤 일을 이루고자 하면 우선 자신을 사랑해야 한다. 즉 몸과 마음을 건강하게 하여 자신을 최고의 상태로 만들어야 한다. 건강이 가장 큰 밑천이라는 사실을 인지해야 하며 건강에 더욱 많은 관심을 가져야 한다. 그러나 많은 이가 자신의 몸을 사랑하지 않으며 몸을 학대하기까지 한다. 불규칙한 식사습관을 유지하며 충분한 휴식과 수면의 중요성을 외면한다. 이렇게 생체 리듬이 파괴되면 젊은 나이에 조로현상이 나타나기도 한다.

'목공이 일을 잘하려면 우선 그 연장을 예리하게 해야 한다.'

<u>똑똑하고 영리한 목수는 마모된 연장을 쓰지 않는다. 무딘 가위로 손님의 머리를 손질하는 헤어 디자이너는 없을 것이다. 어떤 조각가가 날이 닳을 대로 닳은 칼로 훌륭한 작품을 만들 수 있겠는가?</u>

미국 제16대 대통령 링컨은 "내게 나무를 베는 데 한 시간이 주어진다면 나는 도끼를 가는 데 45분을 쓰겠다"라고 했다. 여기서 연장이나 도끼는 당연히 건강이다.

원대한 꿈을 가졌으되 자신의 건강을 제대로 돌보지 않아 꿈을 펼쳐보지도 못한 채 이 세상을 뜬 사람이 많다. 한창 힘과 열정을 쏟아야 할 때에 이미 기력이 다해 쇠약해졌거나 건강에 이상신호가 생겼기 때문이다. 설령 천부적인 재능이 있다 해도 건강이 안 좋으면 꿈과 행복을 이룰 수 없다.

적절한 비료와 수분, 신선한 공기와 햇빛을 적절히 공급했을 때 채소가 싱싱하게 자라듯이 우리의 몸에도 이러한 조건이 필요하다. 하지만 많은 사람이 생활 리듬을 잃어버린 채 살고 있다. 끼니를 햄버거나 피자 같은 인스턴트 식품으로 간단하게 때우고 우유나 커피 한 잔으로 해결한다. 여자들의 경우에는 건강에 방점이 찍히는 것이 아니라 다이어트에 방점을 찍는 예가 많다. 영국 속담에 '우유를 먹는 것보다 우유를 배달해주는 사람이 더 건강하다'라는 말을 그냥 우스갯소리로 흘려 듣지 말아야 한다.

건강하려면 두 가지 정도는 꼭 지켜야 한다. 바로 스트레스와 화를 다스리는 법이다. 먼저 스트레스에 대해 이야기해보자.

스트레스의 어원은 라틴어 'Strictus' 혹은 'Stringere'에서 유래되었다. 이는 '팽팽하다' '좁다'라는 의미를 가지고 있다. 일반인들에게 널리 알려진 것은 건축학에서부터였다. 건물을 지을 때 가장 중요한 것은 쉽사리 무너지지 않고 오랫동안 견딜 수 있느냐는 것이다. 즉 태풍 같은 자연재해나 대포 같은 공격에도 끄떡없어야 좋은 건축물이다. 여기서 건물에 가해지는 모든 외력을 뜻하는 스트레스가 유래되었다.

스트레스는 오늘날 현대인의 숙명처럼 여겨져 왔다. 많은 전문가가 TV에 나와 스트레스를 지혜롭게 극복하는 방법에 대해 이야기해준다. 이러한 정보를 통해 일반인도 스트레스를 이기는 방법에 대한 몇 가지 사실을 알고 있다.

스트레스는 육체적 스트레스와 정신적 스트레스로 나뉜다. 육체가 받는 스트레스를 육체적 스트레스라고 하는데 질병 상태를 생각하면 된다. 질병은 육체적 스트레스의 대명사라고 할 수 있다. 사람들이 자주 걸리는 감기나 암, 벌에 쏘이거나 뱀에 물리는 등 소위 질병이라고 하는 모든 상태를 말한다. 이에 더해 질병은 아니지만 물리적 충격에 의해 상처나 외상을 입거나 과로, 코피, 혈변, 빈혈 등도 육체적 스트레스라 볼 수 있다.

정신적 스트레스는 분노, 근심, 걱정, 불안, 위기감과 초조함, 시간에 쫓기는 상태 등 현대인의 삶에 밀착해 있는 모든 상태를 아우른다. 육체적 스트레스든 정신적 스트레스든 나타나는 반응은 거의 유사하다고 한다.

중요한 것은 스트레스란 어떤 사건 그 자체로 생기는 것이 아니라 사건을 어떤 식으로 받아들이느냐에 따라 생긴다는 점이다. 저명한 의사들에 따르면 스트레스를 받으면 뇌의 신경세포 말단에 있는 시냅스의 흐름을 받는다고 한다. 이는 뇌에 좋지 않은 영향을 끼친다. 스트레스의 노예가 되지 않기 위해서는 자신만의 스트레스 이완 방법을 찾아야 한다.

이건 자신만이 알 수 있기에 일반화시킬 수는 없다. 어떤 일을 할 때 편안한 상태를 유지할 수 있느냐가 중요하다. 운동을 하면 모든 시름을 잊을 수 있는 사람이라면 운동을 해야 한다. 그밖에 명상, 영화 감상, 음악, 독서 등 자신이 좋아하고 평온한 상태를 유지할 수 있는 일을 찾아 꾸준히 행해야 한다.

과도한 경쟁이나 성취의 압력에서 한 발짝 물러설 수 있는 용기도 스트레스 해소에 도움이 된다. 이와 더불어 모든 사물과 사건을 긍정적으로 바라보는 것은 백 번을 강조해도 지나침이 없는 스트레스 예방법이다.

스트레스가 심한 사람은 화를 자주 내는 경향이 있다. 건강하지 못한 사람이 신경질적인 것과 같다. 이런 사람은 일이 뜻대로 되지 않을 때 참지 못하고 버럭 화를 내서 일을 그르칠 뿐만 아니라, 상대방의 감정까지 상하게 한다. 결국 이런 상태가 계속되면 인간관계를 악화시키고 상황을 더욱 나쁘게 몰아간다. 화를 참지 못하고 표출하는 것만큼 건강에 해로운 것은 없다. 철학자 임마누엘 칸트는 이렇게 말했다.

"화를 내는 것은 다른 사람의 잘못으로 자신을 벌하는 짓이다."

혹자는 화가 나면 참지 말고 표출하는 것이 정신 건강에 더 좋다고 한다. 화가 나는데도 그냥 내버려두면 쌓이고 쌓여 일명 홧병이 생기고 큰 병이 온다는 것이다. 이도 일리가 있는 말이다. 하지만 화를 참지 못하는 것은 자신뿐만 아니라 다른 사람도 다치게 하는 칼날이 되어 큰 상처를 입히게 된다는 사실을 알아야 한다. 화를 내는 것이 정직하고 솔직하며, 호탕한 성격이라고 여겨서도 안 된다.

건강을 유지하기 위해서는 먼저 화를 참는 것이 기본 조건이 되어야 한다. 화를 내지 않으려면 마음을 열어 관대해지는 법을 배워야 한다. 그리고 겸손하게 처신하는 마음가짐을 가져야 한다. 작은 일을 일일이 따지고 마음에 담아두서는 안 된다. 한발 물러서서 자신의 감정을 추스리고 다시 도전하는 것이 비겁함이나 연약함을 의미하지는 않다. 오히려 갈등을 해결하는 좋은 방법이 된다.

일을 하면서 스트레스가 생기는 일이 발생했을 때는 냉정하게 생각하고 남에게 관대하며 자신의 감정을 조절할 수 있어야 한다. 이것 또한 일종의 훈련이다. 남에게 스트레스를 주지 않고 화를 내지 않는 것은 인내의 또 다른 이름이다.

뇌성마비 판매왕으로 유명한 빌 포터도 그런 인내를 잘 발휘한 사람이다.

빌 포터는 육체적 능력은 물론 정신적 능력까지 또래 아이에 비해 현저히 떨어지는 선천성 뇌성마비 환자였다. 혼자서 신발끈을 묶지 못할 정도로 오른손을 거의 사용하지 못했고 남들과 의사소통하는 것도 힘들었다. 학교를 졸업하고 직장을 구할 때 이런 빌 포터를 받아주는 곳은 한 군데도 없었다. 하지만 빌 포터는 포기하지 않고 도전한 끝에 생활용품을 파는 왓킨스 사에 취직하게 되었다.

빌 포터는 영업사원이 되어 방문 판매를 시작했다. 포트랜드 북서부의 가파른 언덕을 오르며 집집마다 벨을 눌렀다. 하지만 문틈으로 빌 포터의 일그러진 얼굴과 부자연스러운 몸짓을 본 사람들은 문을 열어주지 않았다.

"앗, 괴물이다!"

겁에 질린 아이들은 울음을 터뜨렸고, 성난 개들이 달려들어 자칫 위험에 빠질 순간도 많았다. 하지만 빌 포터는 결코 실망하거나 포기하지 않고 끊임없이 문을 두드렸다.

"다음 집은 분명히 문을 열어줄거야. 그리고 내가 들고온 생활용품에 대해 관심을 갖고 구입해주겠지. 꼭 그런 날이 올 거야. 그 순간을 위해 참고 또 참자."

빌은 자신에게 주문을 걸었다. 하지만 하나도 팔지 못하는 날이 자꾸만 쌓여갔다. 빌 포터는 늘 긍정적으로 생각했다. 긍정적인 생각이 생활이 되고 습관이 되었다. 일기예보에 다음날 30도가 넘을 거라고 나오면 '그 정도면 선선하지'라고 생각했다. 눈이 많이 내려 길바

닥이 빙판길이 되면 '날씨가 안 좋은 날이야말로 사람들이 집에 있을 거야' 하며 노래를 불렀다.

몇 달 후 한 집에서 빌 포터의 물건을 구입했다. 거절해도 수십 번을 찾아온 그의 인내에 마음을 연 것이다. 그다음 날부터 기적이 일어났다. 빌 포터의 방문을 거절했던 사람들이 그에게 물건을 사기 시작한 것이다. 이후 빌 포터는 왓킨스 사 역사상 가장 많은 판매고를 올린 전국 판매왕이 되었고, 이 기록은 지금까지도 깨지지 않고 있다. 빌 포터를 보고 울며 도망쳤던 아이들은 어느새 어른이 되어 그의 단골손님이 되었다.

"제 집에 있는 생활용품은 전부 빌 아저씨에게 산 거예요."

사용할 수 없는 오른손을 감추고 왼손에 무거운 가방을 들고 매일 15킬로미터를 걸었던 전설적인 판매왕 빌 포터. 그의 감동적인 이야기는 2002년 〈도어 투 도어〉라는 영화로 만들어져 수많은 사람에게 감동을 주었다.

만약 빌 포터가 자신의 방문을 받은 고객들의 냉대와 조소에 화를 냈다면 어떻게 되었을까? 아이들의 발길질과 놀림에 버럭 화를 내었다면? 자신을 미워하고 포기했다면?

말을 더듬고 몸이 자유롭지 못하다고 온갖 놀림을 받았지만 빌 포터는 화를 내어 자신의 분노를 표현하는 대신 화를 억누르고 참고 인내했다. 그 결과가 그를 성공으로 이끌었다. 그는 이렇게 말했다.

"중대한 결정만이 삶을 변화시키는 것은 아닙니다. 사실 우리 삶을 변화시키는 것은 우리가 내리는 사소한 결정입니다. 한 번 더 웃어주고 손을 흔들어주고 아픈 친구에게 전화해주는 등 작은 행동이 삶에 큰 변화를 가져다줍니다. 저와 마찬가지로 당신에게도 다른 사람들에게 좋은 영향을 줄 수 있는 기회가 주어졌습니다. 그것은 바로 최선을 다해 자신에게 주어진 삶을 살아가는 것입니다. 사람들은 제가 수천 명의 삶에 영향을 주었다고 말하지만 그분들이야말로 제게 큰 도움을 주셨습니다. 그 모든 분에게 감사드립니다. 자신이 과연 삶을 변화시킬 수 있을지 망설이는 분들에게 저는 이렇게 말씀드리고 싶습니다. 그럼요, 당연히 당신도 할 수 있습니다."

살다 보면 화를 참지 못하는 경우가 많다.
어느 사람이 지하 주차장에 차를 세워놓았다. 그는 지정된 주차 장소가 아니라 자동차가 세워진 뒤꽁무니 옆으로 차를 세웠다. 이럴 경우 대부분 기어를 중립으로 해놓아 다른 사람들이 차를 이동할 수 있게 해놓는다. 하지만 그는 사이드 기어까지 잠가놓았다. 한마디로 매너가 없는 사람이었다. 더욱 화가 나는 것은 그 차가 몇 시간도 아니고 무려 3일 동안 그 상태 그대로 있었다는 것이다. 이런 일이 만약 당신의 주차장에서 벌어졌다면 당신은 어떻게 할 것인가?
이 주차 차량을 보다 못해 화를 표출한 사람이 있었다. 그는 아침 8시에 출근하기 위해 지하 주차장으로 갔다. 차를 빼기 위해 보니 그 문제의 차량이 살짝 입구를 막고 있었다. 그는 간신히 차를 빼서 출구로 향했다. 잠시 후 그는 다시 주차장으로 돌아왔다. 그리고는 그 차를 향해 침을 뱉고 사라졌다. 하지만 잠시 후 화를 참지 못한 그가 다시 나타나 주머니에서 무언가를 꺼내 차의 옆면을 긋고 지나갔다. 문제의 장면은 지하 주차장에 있던 CCTV에 고스란히 찍혔다. 그리고 그는 재물손괴 혐의로 불구속 입건됐다.

2013년 창원에서 일어난 실제 사건이다. 이 사건이 뉴스에까지 보도된 이유는 차를 손괴시킨 이가 다름 아닌 경찰 간부였기 때문이다. 시민의 재산과 안전을 책임져야 할 경찰이 일순간의 화를 참지 못하고 범법 행위를 저지른 것이다. 결국 그는 경찰의 품위를 손상시켰다는 이유로 징계를 받았다.

사이드 키도 풀어놓지 않은 채 이중 주차를 한 사람도 분명 잘못이지만, 화를 참지 못하고 남의 차에 흠집을 낸 사람도 큰 잘못을 저질렀다. 더구나 차주는 정면 유리창 앞에 자신의 전화번호를 적어놓았다. 만약 경찰 간부가 전화를 걸어 주의를 주거나 이동할 것을 권유했다면 이런 일이 일어나지 않았을 것이다.

이런 예는 주위에서 무수히 많다. 식당이나 가게 직원이 가격을 과다 청구해서 싸우는 경우도 자주 목격된다. 이럴 때는 화를 내기보다는 가게 직원이나 지배인과 이 문제를 상의함으로써 문제를 해결하는 것이 더욱 좋은 방법이다. 이런 상황에서 무작정 화를 내고 목소리를 높이는 것은 아무 도움도 되지 않는다. 핵심은 자신의 목소리가 크다는 것을 알리는 것이 아니라 자신의 부당한 이유를 차근차근하게 설명함으로써 자신이 원하는 것을 얻으면 되는 것이다. 이럴 경우 원래 자신이 원하는 것보다 더 많은 것을 얻을 수 있는 확률이 높아진다.

여기에서 얻어야 할 교훈이 있다.

어떤 문제가 발생했을 경우 원인과 문제에 집착하기보다는 그 해결책에 초점을 두어야 한다는 것이다. 해결책이 무엇인지를 생각하다 보면 자신이 원하는 것 이상을 얻을 수 있다.

화를 내며 싸우는 것보다 분노를 차단하는 것이 정신건강에 이로운 것은 말할 나위도 없다. 화에 대해서는 고대 스토아 철학의 대가 세네카의 말을 마음속에 담아둘 필요가 있다.

"화가 당신을 버리는 것보다 당신이 먼저 화를 버려라. 그동안 다른 사람들이 괴롭히고 우리 자신도 괴롭히는 고통을 안겨준 화. 우리는 좋지도 않은 그 일에 귀한 인생을 얼마나 낭비하고 있는가. 화를 내며 보내기에는 우리의 인생은 얼마나 짧은가?"

화는 스스로 통제력을 잃으면서 강한 분노를 나타내는 감정적인 형태이다. 또한 화를 낸다는 것은 그 사람의 현재 마음의 상태를 나타낸다. 이렇게 화를 내는 데는 신체 내의 호르몬이 깊은 영향을 미친다. 아드레날린과 코티솔은 신체 내 모든 조직에 영향을 주어 심장 박동수를 빠르게 하고 혈압을 높이는데, 이런 혈류들이 화를 내게 하는데 큰 영향을 미치게 된다. 화를 자주 내면 건강에 해를 미치게 되는데 우울증, 고혈압, 심장병, 스트레스, 알코올 중독 및 비만 등을 일으킬 수 있다.

네덜란드의 저명한 화학자이자 의사인 헤르만 보어하브[Hermann Boerhaave]가 1783년 사망하면서《의학에서 오직 한 가지의 심오한 방법》이라는 책을 밀봉하여 남겼다. 훗날 경매에 부쳐져 2만 달러라는 고액에 넘어갔는데 이 책을 구입한 사람이 기대에 차서 책을 펼쳐보았다. 놀랍게도 모두 백지였는데 마지막 페이지에 다음과 같이 딱 두 문장이 적혀 있었다.

"당신의 머리를 차게, 발을 따뜻하게 하라. 그렇게 하면 당신은 건강할 수 있고 의사는 할 일이 없어지게 될 것이다."

꿈을 이루기 위해서는 건강을 중요시해야 한다. 특히 스트레스와 화를 이겨내는 방법을 습관으로 익혀야 한다. 건강은 꿈이라는 식물을 잘 자라게 하는 밑거름이다.

Dream

Part 03

꿈꾸지 않으면 아무것도 이룰 수 없다

If I come true my dream, I will be somebody's dream

If I come true my dream, I will be somebody's dream

불가능을 뜻하는 'Impossible'이라는 단어는
열심히 노력하면 '나는 할 수 있다'는
뜻의 'I'm Possible'로 바뀐다.
자신의 꿈에 너무 쉽게 '불가능'이라는
딱지를 붙이지 마라.

15

모든 위대한 일의
처음은 불가능한 것이었다

'가능'이 '불가능'에게 물었다.
"너는 어디 사니?"
그러자 '불가능'이 대답했다.
"무능하고 무력한 사람들의 꿈 속에서 살아."

1913년 아시아인 최초로 노벨 문학상을 수상한 인도의 시인 타코르의 책에 나오는 한 구절이다. 이 짧은 우화만큼 가능과 불가능에 대해 설득력 있게 설명한 글이 또 있을까?
1996년 톰 크루즈 주연의 영화 〈미션 임파서블〉은 전 세계적으로 빅히트를 쳤다. 인기 TV 드라마의 원작을 바탕으로 현재 3편까지 제작되었는데, 제목에서처럼 불가능한 임무를 가능케 만드는 첩보요원들의 활약상을 그리고 있다. 영화를 보다 보면 배우들의 멋진 연기뿐만 아니라 '어떻게 저런 액션이 가능하지?' 저 장면은 도대체 어떻게 찍었지?'라는 의문이 들 정도로 스토리나 액션 장면 자체가 임파서블하다.

불가능한 것을 가능으로 바꾸는 일은 비단 영화에서만 존재하는 것이 아니다. 현실에서도 엄연히 일어나고 있다. 단지 우리가 매일 사용하고 있는 것들이 예전부터 존재해 왔다고만 생각하지 그 전에는 어떠했는지 인식하지 못하고 있을 뿐이다. 우리가 편리하게 사용하고 있는 수많은 발명품과 아이디어의 시작은 누군가가 불가능에서 가능으로 바꾸어놓은 결과물이다.

양수기가 발명되기 전까지는 그 누구도 물이 거꾸로 흐를 수 있다고 믿지 않았다. 레오나르도 다빈치가 피사의 사탑에서 낙하 실험을 할 때만 해도 사람들은 인간이 하늘을 나는 것은 불가능하다며 비웃었다. 1490년경에 다빈치가 그린 스케치에는 땅에서 수직으로 하늘까지 올라가는 비행물체가 등장하는데, 500년 후 헬리콥터의 시초가 되었다.

라이트 형제가 비행기를 타고 하늘을 난 것은 1903년이다. 전 세계가 열광하고 감격해하던 그 순간에도 어떤 이는 비행물체로 우주를 여행하는 꿈을 꾸고 있었다. 1970년대 중후반까지 그건 불가능에 가까웠다. 하지만 라이트 형제가 비행기로 하늘을 난 지 60년도 되지 않아 미국의 우주비행사 닐 암스트롱은 달에 도착하며 "한 인간에게는 작은 발걸음이지만 인류에게는 위대한 도약이다"라는 말을 남기며 인류 최초로 달에 발을 디딘 사람으로 기록되었다.

1907년까지만 해도 물컵으로 종이를 사용하는 것이 가능한 일이라고 생각한 사람은 아무도 없었다. 하지만 휴그 무어 Hogh moor의 생각은 달랐다. 유리 컵과 플라스틱 컵은 무겁고 단가가 높은 것에 불만을 가지고 있던 휴그 무어는 기존과는 다른 재료의 물컵을 생각하기 시작했다.

"종이는 물에 닿으면 찢어진다."

휴그 무어는 그 평범한 진리를 그대로 믿지 않았다. 다른 사람들이 불가능하다고 했지만 그는 결국 종이로 된 컵을 발명해 오늘날 같이 대중화를 이루었다. 휴그 무어가 이 발명으로 거액의 돈을 손에 움켜쥔 것은 말할 나위도 없다.

우리는 불가능하다는 말을 종종하면서 산다. 하지만 불가능이란 노력하지 않은 자의 변명일 뿐이다. 해보지도 않고 불가능하다고 포기하는 사람은 눈앞의 이익만 생각하는 어리석은 사람이다. 그런 사람은 멀리 보지 못하고 멀리 나아가기도 어렵다.

그동안 얼마나 많은 사람이 불가능이라는 벽 앞에서 이룰 수 있었던 꿈을 포기했던가. 불가능하다는 생각은 할 수 있다는 능력까지 소멸하게 만드는 암적인 존재다.

사실 우리가 할 수 없는 일은 세상에 없다. 다만 지레 겁먹고 포기해버릴 뿐이다. 꿈을 이루는 방법 중 하나가 바로 어떤 난관과 어려움이 있어도 '불가능'하다고 말하지 않는 것이다.

이렇게 생각해보라. 불가능한 것이 아니라 잠시 방법을 찾지 못하고 있을 뿐이라고. 불가능은 단지 '가능하다'의 전 단계라고 생각해야 한다.

'Impossible is Nothing.'

세계적인 스포츠용품 회사인 아디다스는 2004년부터 '불가능, 그것은 아무것도 아니다'라는 헤드카피를 앞세워 대대적인 캠페인을 실시했다. 이 캠페인으로 아디다스는 그동안 나이키에 가려져 있던 자존심을 회복했고, 매출도 몇 배로 뛰었다. 처음 이 광고는 무하마드 알리와 그의 딸 라일라 알리가 경기를 벌이는 모습을 교차 편집하며 큰 관심을 끌었다.

광고 속에서 라일라 알리는 말한다.

"불가능은 사실이 아니다. 의견일 뿐이다. 사람들은 '여자는 복싱을 할 수 없다'고 말했다. 나는 그들의 말을 믿지 않았고 해냈다. 나는 링에 섰다. 내 아버지 알리의 목소리가 들린다. 싸워라, 내 딸. 넌 할 수 있다. 불가능, 그것은 아무것도 아니다."

아버지와 딸이 수십 년의 시차를 뛰어넘어 화면 속에서 멋진 복싱 장면을 선보인 광고는 입소문을 타며 널리 퍼졌다. 불가능하다고 생각했던 일이 TV 화면 속에서 가능으로 바뀌는 모습을 보며 많이 사람은 아디다스의 메시지에 고개를 끄덕였다.

이에 힘입은 아디다스는 2007년에는 리오넬 메시, 데이비드 베컴, 길버트 아레나스 등 스포츠 스타를 앞세웠다. 자신의 힘든 시절을 딛고 스포츠 스타가 된 이야기를 담은 새로운 형식의 광고는 늘 이렇게 시작했다.

"내 얘기 한번 들어볼래?"

이 광고 시리즈는 유튜브를 타고 급속도로 번졌다. 그리고 많은 사람이 다양한 버전의 패러디를 만들었다. 그리고 불가능에 도전하려는 이들의 첫걸음에 박수를 보냈다.

불가능, 그것은 나약한 사람들의 핑계에 불과하다.
불가능, 그것은 사실이 아니라 하나의 의견일 뿐이다.
불가능, 그것은 영원한 것이 아니라 일시적인 것이다.
불가능, 그것은 도전할 수 있는 가능성을 의미한다.
불가능, 그것은 사람들을 용기있게 만들어주는 것이다.
불가능, 그것은 아무것도 아니다.

세상에는 정말로 불가능한 일들이 존재한다. 대표적인 것이 돌로 금을 만드는 연금술이다. 하지만 중세에는 그게 가능하다고 굳게 믿고 있던 수많은 연금술사가 있었다. 결국 그들의 꿈은 허황된 것이었지만, 연금술이 불가능함을 알 때까지 연금술사들이 연구한 결과는 점차 학문으로 승화되었다. 이런 연금술사의 땀과 노력은 훗날 근대 화학의 기초가 되었다.

나폴레옹이 말한 '내 사전에 불가능은 없다'라는 말은 초등학생도 알만큼 유명하다. 어린 시절 나폴레옹은 자신의 사전에서 이 단어를 찢어버렸다. 수많은 장군이 추운 겨울에는 도저히 불가능하다고 만류했던 알프스 산의 행군도 가능으로 만들었다.

불가능하다고 생각하는 것은 사실 불가능한 것이 아니라 가능하게 만드는 방법을 찾지 못한 것뿐이다. 다른 각도에서 보고 다른 시각에서 생각하다 보면 불가능은 당신 사전에서 점점 사라질 것이다.

불가능을 뜻하는 'Impossible'이라는 단어는 열심히 노력하면 '나는 할 수 있다'는 뜻의 'I'm Possible'로 바뀐다. 자신의 꿈에 너무 쉽게 '불가능'이라는 딱지를 붙이지 마라.

16

꿈과 목표는
단순하면 단순할수록 좋다

"단순, 명료, 반복 이런 것들이 큰 결과를 가져오게 만든다. 이 작은 것들이 꾸준히 계속되면 마침내 큰 힘을 발휘할 수 있는 시간이 온다. 이 순간을 놓치지 마라."

GE의 전 CEO인 잭 웰치는 사업은 단순하면 할수록 좋다고 주장했다. 그는 늘 직원들에게 단순할 수 있는 용기를 가지라고 말했다. 그의 사업 스타일을 분석하면 세 가지로 요약된다. 그것은 단순, 명료, 반복이다. 잭 웰치는 사업 방향이 설정되면 그 방향을 향해 단순하고 명료한 메시지를 반복해서 전달했다.

사실 단순함은 간단한 게 아니다. 힘 있고 자신감 있는 사람만이 단순해질 수 있다. 일반적으로 사람들은 단순하게 보일까 봐 오히려 두려워한다. 하지만 승자들의 메시지는 단순하다. 단순하면서도 명료하다. 단순성은 사물의 본질로 이끄는 힘이 있다.

'오캄의 면도날'Occam's razor이라는 용어가 있다. 이 말의 기원이 된 사람은 중세 말기의 위대한 신학자 겸 철학자 윌리엄 오캄이다. 오캄의 존재는 이탈리아의 기호학자 움베르트 에코의 추리소설《장미의 이름》을 통해서 알려진 바 있다. 살인사건의 진실을 자연과학적 탐구자의 자세로 밝혀가는 소설의 주인공 윌리엄 수도사가 오캄을 모델로 한 것이다.

이 용어를 간단히 정의하면 단순하게 이뤄진 설명일수록 우월하다는 것이다. 서양의 중세는 철학적으로 매우 복잡하고 정교한 논쟁이 진행된 시기였다. 그러한 시대가 끝나갈 때쯤 오캄은 '오캄의 면도날'이라고 불리는 단순함의 원리를 제시한다.

생각을 예리하게 다듬고 쓸데없는 것들을 제거해버린다는 착상에서 '면도날'이라는 이름이 붙은 이 원칙은 오늘날까지도 생각의 경제성을 제시해주는 예로 많이 인용되고 있다. 또 나아가 똑같은 사실에 대한 설명이 두 개 있을 때, 더 간단한 설명이 '참'이라는 생각으로까지 연결된다.

과학기술의 원리는 어떤 대상이더라도 보편타당해야 하고 일률적이어야 한다. 덧붙여 '오캄의 면도날', 즉 가장 간단한 것이 답을 준다는 원칙에 맞아야 한다. 과학기술자들은 이러한 원칙을 지키려고 애를 쓴다.

세계적인 물리학자 아인슈타인의 생활신조는 "더 만들 수 없을 때까지 간단하게 만들어라"였고 레오나르도 다빈치는 "단순함이란 궁극의 정교함이다"라고 했다. 2005년 노벨 경제학상을 수상한 로버트 아우만은 복잡한 경제 현상을 게임 이론을 통해 매우 간단 명료하게 설명하고자 하는 시도를 해왔다. 특히 수학을 전공하는 과정에서 '오캄의 면도날'에 깊이 매료되었다. 그의 게임 이론은 관념적 특수성으로 경제 현상을 설명하려는 시도에 대한 반격이었다.

디지털 시대의 성공 키워드는 단순함이다. 복잡하고 수많은 정보가 범람하는 시대일수록 소비자들은 단순하고 실용적이고 즉각적인 것을 원한다. 이를 일찍이 간파한 사람이 애플의 창업자 스티브 잡스이다. 그는 이용자가 쉽고 간편하게 사용할 수 있는 제품 구상에 늘 몰두했다.

아이폰을 보라. 지극히 단순하다. 버튼 몇 개만 있다. 필요한 어플은 다운받아 사용할 수 있다. 이 단순함이 아이폰을 네 살짜리 어린아이도 자유자재로 사용할 수 있게 만든다. 사람들은 아이폰을 사용한 지 30분도 채 되지 않아 어떻게 터치하고 클릭해야 하는지 직관적으로 알 수 있다. 사람들의 눈에는 단순한 버튼과 디자인이 보이지만 제품을 사용하다 보면 사람을 위한 배려와 기능의 정교함에 놀라게 된다. 정교함은 눈에 보이지 않게 모두 숨겨져 있는 것이다.

스티브 잡스의 단순함은 수많은 실험의 결과이다.

"문제에 더 깊이 들어가면 그게 진짜 복잡하다는 걸 알게 되고, 이런 난해한 해결책들을 찾아내게 되는 겁니다. 대부분의 사람은 거기서 멈추죠. 하지만 중요한 건 문제의 근본 원리를 찾고, 아름답고 우아한 해결책을 가지고 완전히 한 바퀴 돌아 다시 원점으로 돌아올 때까지 계속 가는 것입니다."

스티브 잡스의 상징이 된 PT와 검은색 터틀넥과 청바지는 그가 얼마나 단순함의 신봉자인가를 잘 나타내준다.

<u>꿈을 이룬 사람들은 무엇을 하든 단순성을 유지한다. 최대한 단순한 목표를 설정한다. 단순한 시스템을 만들고, 단순하게 말하고 행동한다.</u>

명확한 목표와 함께 모든 것을 단순화한다. 단순화하는 것이 체질화되어 있다. 일을 단순화하고 일의 본질을 한눈에 파악하는 힘이 뛰어나다. 그리고 행동으로 옮기는 데 주저하지 않는다.

일과 생각을 복잡하게 만들지 마라. 최대한 단순화하는 작업을 하라. 그 습관이 몸에 배어야 비로소 당신의 삶도 단순 명료해진다.

17

일생일업에 포커스를 맞추고
꿈을 향해 달려라

한 대학 교수가 학생에게 물었다.

"자넨 꿈이 뭔가?"

"제 꿈은 이번 기말고사에서 올 A를 맞는 겁니다."

그러자 교수가 고개를 갸우뚱거리며 말했다.

"그건 꿈이라기보다는 목표 같네만."

사람들은 간혹 꿈과 목표를 혼동한다. 꿈이 가고자 하는 최종 목적지라면 목표는 꿈으로 가기 위해 잠시 거쳐야 할 간이역 같은 것이다. 꿈은 막연하고 추상적일 수 있지만 목표는 구체적이어야 한다. 꿈은 당장은 비현실적일 수도 있지만 목표는 실현 가능한 것이어야 한다.

<u>목표는 꿈과 달리 구체성, 측정성, 실행성, 객관성, 시효성이 있어야 한다. 그래서 목표가 명확해지면 목표에 의해 간혹 꿈이 바뀔 수도 있다.</u>

꿈과 목표의 차이를 명확하게 설명한 이가 있다. 바로 메리케이 화장품의 창업자 메리 케이 애시^{Mary Kay Ash}이다. 전설적인 여성 CEO이자 미국 경영인 명예의 전당에 헌정된 그녀는 이렇게 말했다.

"목표를 이루기 위해서는 자신이 원하는 꿈을 달성하기 위한 일정과 계획이 필요합니다. 즉 꿈과 목표의 차이는 행동이 있느냐 없느냐 차이입니다. 목표에는 구체적인 일정이 필요합니다. 장기적인 목표를 실천 가능한 단기적인 목표로 세분화하십시오. 이것이 목표 달성에 매우 도움이 됩니다."

꿈과 목표는 이렇듯 떼려야 뗄 수 없는 불가분의 관계이다. 꿈을 이루기 위해서는 그것에 걸맞는 목표가 있어야 하고, 목표를 향해 달려가기 위해서는 그 목표에 도달해야 하는 이유, 즉 꿈이 있어야 하기 때문이다.

신문의 대중화에 크게 기여한 영국의 신문 경영자 비스카운트 노스클리프. 그는 '세계 신문왕'이라 불리며 〈데일리 미러〉, 〈타임스〉 등 영국의 유력 신문사들을 거느렸다. 그가 성공한 이유에는 한 노인과의 만남이 있었다.

"이봐, 신참. 이 노인을 취재해오게."

노스클리프가 취재를 맡은 노인은 런던에서 소문난 대부호였다.

노인은 구두에 징을 박는 장치를 발명하여 많은 돈을 벌었다. 하지만 제대로 학교를 다닌 적도 없고 배운 것이 없어 무식했고 구두쇠로 유명했다. 젊은 노스클리프는 내키지 않았지만 그를 인터뷰하기 위해 집으로 갔다.

"선생님 같은 분이 어떻게 해서 엄청난 돈을 벌 수 있었습니까? 그 비결을 좀 알려주실 수 없나요?"

노스클리프가 비꼬듯이 물었다. 그의 눈에는 어쩌다 운 좋게도 돈벼락을 맞은 노인네로 보일 뿐이었다.

'쳇. 또 뻔한 소리를 하겠지. 맡은 일을 열심히 하다 보니 부자가 됐다고. 돈은 생각하지도 않고 오직 일만 했다고. 열심히 일을 하면 돈은 자연스럽게 따라오니 너무 돈에 집착하지 말라고. 하하하. 이런 졸부들의 이야기는 뻔하지.'

노인은 노스클리프의 질문에 거침없이 대답했다.

"무슨 특별한 비결이 있었던 건 아니네. 나는 돈벌이 외엔 아무것도 생각하지 않았네. 오직 돈을 벌겠다는 생각뿐이었네. 자나깨나 돈 벌 궁리만 했다네. 그런 고집이 나를 부자로 만들었네."

노스클리프는 노인의 말에 큰 충격과 깊은 감동을 받았다.

'그래, 바로 저거야. 무슨 일이든 앞만 보고 달리는 거야. 옆에 뭐가 있든 신경쓰지 말고 하나의 목표를 향해 달려가는 거야.'

다음날부터 노스클리프는 스스로에게 큰소리로 외쳤다.

"나는 평생을 신문에 바치고 신문계의 1인자가 되겠다!"

그리고 자기의 꿈을 실현하기 위해 열심히 노력했다. 그 결과 노스클리프는 39세에 자신의 회사를 설립했고, 세계 제일의 신문왕이 될 수 있었다.

이처럼 하나의 목표를 가지고 한 방향으로 모든 힘을 집중할 때 무서운 힘이 생긴다. 일생일업(生一業)에 전력하는 사람이 바로 인생의 승리자가 되는 것이다. 포부나 꿈을 세우는 것도 중요한 일이지만 그 꿈을 실현하기 위해 자기의 전 생애를 바쳐 한 가지 일에 전념하는 것이 더 중요하다.

꿈과 목표는 한곳에 포커스를 맞춰야 한다.

"내 꿈과 목표는 바로 이거야!"

이런 생각이 들면 의지와 열정으로 일생을 걸어야 한다. 20대에는 적성과 자질을 키울 수 있는 천직을 찾고, 30대에는 자신의 분야에서 전문가가 되고, 40대에는 그 분야의 1인자가 되고, 50대부터는 최정상으로 자리를 유지할 것이라는 마음가짐으로 뛰어들어야 한다.

"우물을 파되 한 우물을 파라. 단 샘물이 나올 때까지."

이 말은 20세기 성자라 불리는 슈바이처 박사의 유명한 좌우명이다. 슈바이처는 자신의 좌우명대로 평생을 아프리카와 아픈 사람을 위해 헌신했다.

간혹 어떤 이는 한 우물을 파는 것은 위험한 일이라고 말한다. 그리고 한 우물을 파든 여러 우물을 파든 물만 잘 나오면 된다고 말하는 사람도 있다. 다 맞는 말이다.

하지만 자신의 꿈을 이루고 성공한 대부분의 사람은 '자신이 좋아하는 일을 끝까지 한' 경우가 많다. 우물을 팔 때는 그냥 아무 땅에나 파는 것이 아니다. 충분히 사전 조사를 해야 한다. 물이 나올만한 곳을 조사하고 연구해야 한다. 그런 후 확신과 믿음이 생겼을 때 물이 나올 때까지 파야 한다. 그렇지 않으면 여기저기 우물을 파며 샘물은 구경조차 하지 못하고 세월만 보낼 것이다.

미국의 사상가이자 《월든》이라는 불세출의 명저를 남긴 헨리 데이비드 소로는 "자신의 꿈이 가리키는 방향으로 꾸준히 나아가면 그리고 꿈꾸던 삶을 살기 위해 노력하면 어느 날 문득 예기치 않은 성공과 만나게 될 것이다"라고 했다.

사람은 꿈꾸는 만큼 이루어낼 수 있다. 일생일업의 정신으로 꿈을 향해 당신의 열정과 노력의 포커스를 맞춰라.

18

꿈은
자기 믿음을 먹고 자란다

"컷!"

1950년 초겨울, 어느 영화 촬영 현장. 1905년 노벨 문학상 수상작가인 폴란드의 헨리크 시엔키에비치의 《쿠오바디스》를 원작으로 한창 영화가 촬영되고 있었다. 네로 시대의 로마에서 벌어진 기독교 박해를 중심으로 로마군 장교와 기독교인 여자와의 사랑을 다룬 이 작품은 로버트 테일러와 데보라 카가 주연을 맡아 제작 전부터 큰 화제를 모았다.

"젠장, 그림이 안 나오네."

성난 감독이 영화를 찍다 한 엑스트라 여배우에게 다가가 얼굴과 몸매를 천천히 쳐다봤다. 그리고 심각한 어조로 말했다.

"자네의 얼굴로는 영화배우로 성공할 수 없어. 이번 기회에 성형수술을 해보는 게 어떤가?"

"성형수술이라뇨?"

"자넨 목이 너무 길고 입이 너무 커. 키도 여배우로서는 너무 크고 엉덩이도 넓고, 코도 길고 반대로 턱은 작네. 가장 치명적인 것은 여배우를 하기엔 얼굴이 너무 까매. 도대체 여배우의 포스가 없어."

엑스트라 여배우가 말했다.

"네, 맞아요. 감독님이 말씀하신 그대로예요. 하지만 그게 제 자신만의 특징이에요. 성형수술이요? 제 개성과 특징을 무시한 채 오직 영화배우가 되기 위해 수술을 받으라고 하신다면 전 배우를 포기하겠어요."

당당하고 자신에 찬 여배우의 모습에 감독이 당황했다.

"하지만 다른 여배우들을 보게나. 관객들은 예쁜 여배우를 보기 위해 주머니를 털어 극장을 찾아. 여배우들은 최대한 자신의 외모를 뽐내며 관객을 매료시키지. 그게 할리우드의 법칙이고 세상의 이치라는 거네."

"제가 왜 다른 사람과 똑같이 생겨야 하나요? 코가 얼굴의 중심이라는 건 저도 알아요. 코는 그 사람의 성격도 보여주죠. 큰 엉덩이도 저의 일부예요. 까만 피부요? 전 부모님이 물려주신 이 피부색이 더없이 좋아요. 저는 제 본래 모습이 좋아요. 그리고 그걸 영원히 간직할 거예요."

그녀는 영화배우가 되겠다는 뚜렷한 신념이 없었다. 그저 그날의 빵을 구하기 위해 무턱대고 일을 했을 뿐이다. 하지만 이날 당한 모욕감과 수치심은 그녀에게 새로운 도전이자 목표가 되었다.

'그래, 내가 가지고 있는 끼와 연기력으로 할리우드에서 꼭 성공할 거야. 내가 옳다는 것을 증명해 보이겠어.'

홀어머니 밑에서 어렵게 자란 그녀는 자신에 대한 믿음감이 투철했다. 다른 사람의 의견 때문에 자신의 노력을 포기하는 어리석은 여자가 아니었다. 그 후 그녀는 100여 편이 넘는 영화에 출연했으며 연기가 최고로 무르익은 1961년에는 아카데미 여우주연상을 수상하는 영광을 안았다.

야성적인 모습과 생동감 넘치는 연기에 사람들은 환호했고, 관능적인 몸짓과 잡초 같은 생명력을 풍기는 모습에 열광했다. 감독이 지적한 그녀의 단점은 오히려 미인의 기준이 되었고, 20세기 미인 중 한 명으로 꼽히게 되었다.

그녀의 이름은 소피아 로렌. 그녀는 이렇게 말했다.

"영화라는 어려운 직업에서 성공하려면 자신을 굳게 믿어야 한다. 이것이 탁월한 재능을 지닌 사람보다 재능은 평범하지만 강한 투지를 가진 사람이 훨씬 더 성공하는 이유이다."

영화 팬들은 아직도 〈해바라기〉에서의 소피아 로렌을 생생하게 기억하고 추억한다. 한 동네에서 우연히 만나 서로 사랑에 빠진 두 남녀. 행복했던 신혼생활도 잠시, 제2차 세계대전이 터지자 남자는 군대에 징집된다. 어느 날 남편이 전사했다는 소식을 들은 아내는 망연

자실한다. 하지만 아내는 남편이 죽었다는 사실을 믿지 않고 실종된 거라 믿는다. 달랑 사진 한 장만을 가지고 머나먼 러시아까지 찾아간 그녀 앞에는 끝없이 펼쳐진 들판이 보인다. 그 들판에는 수많은 해바라기가 자라고 있다. 이윽고 남편을 찾은 부인. 하지만 남편은 전쟁의 후유증으로 기억상실증에 걸렸다. 더구나 다른 여자와 결혼해서 아이까지 있다. 부인은 슬픔에 잠겨 그 집을 떠난다. 그리고….

이 글을 쓰면서도 눈에 눈물이 고일 만큼 이 영화는 감동적이다. 이렇게 슬프고 아름다운 사랑 이야기가 또 있을까? 영화 주제곡은 또 어떤가? 아무 생각없이 듣고만 있어도 열차 앞에서 두 남녀가 헤어지는 장면이 떠올라 저절로 눈물이 난다. 특히나 소피아 로렌의 까만 피부는 사랑하는 남자를 보내야 하는 애절한 눈빛과 슬픔을 관조하는 듯한 무심한 눈빛이 어우러져 감동을 더한다. 지금도 이탈리아 밀라노 역을 방문하는 관광객들은 소피아 로렌이 서 있던 자리에서 사진을 찍는다.

당대의 미인 기준을 바꾸어놓고 스스로 미인의 기준이 된 소피아 로렌. 자신에 대한 믿음과 당당함은 여든이 가까운 나이에도 불구하고 현역 영화배우로 살아가는 원동력이 되었다.

"영화를 찍기 시작했을 때부터 나는 자연스러움에 충실했습니다. 나는 어떤 화장과 헤어스타일 그리고 무슨 옷이 나에게 가장 잘 어울리는지 알고 있었고 누구도 모방하지 않았습니다. 노예처럼 유행을 따르지도 않았으며 단지 가장 나다운 모습만을 추구했습니다. 옷을 고를 때도 이브 생 로랑이나 디올이 권해준다고 해서 무조건 선택하지 않았습니다. 물론 내게 잘 어울린다면 나쁠 건 없지만 그래도 중요한 것은 자신의 선택입니다."

　소피아 로렌의 이야기에는 꿈을 이루기 위해서 자기 믿음이 얼마나 강해야 하는지를 잘 말해준다. 남들이 자신을 믿지 못하더라도 자신은 자신을 믿어야 한다. 골프 황제 잭 니콜로스는 "일류 골퍼가 되기 위해선 자기 자신을 일류로 믿는 것이 중요하다"라고 했다.

　당신이 당신을 믿지 못하면 남도 당신을 믿지 않는다. 자기가 선택한 것에 대한 믿음, 끈기있게 자기의 믿음을 실천하는 것이야말로 꿈을 향한 여정에서 빠지지 않고 챙겨야 할 필수품이다.

19

실패한 적이 없다는 것은 아무것도 하지 않았다는 뜻이다

"농구를 하면서 9000개가 넘는 슛을 실패했다. 패한 경기도 300경기가 넘는다. 들어갈 것이라 생각했던 위닝샷도 26번이나 실패했다. 내 삶은 실패의 연속이었다. 그게 바로 내가 성공한 이유다."

위의 말을 농구 황제 마이클 조던이 했다는 게 믿어지는가?

유니클로 창업자인 야나이 다다시는 한 술 더 뜬다. 그는 "9번 실패하는 것이 1번 성공하는 지름길"이라고 했다. 이들뿐만 아니라 수많은 위인이 자신의 실패담을 자랑삼아 이야기한다. 그것도 아무렇지도 않다는 듯이. 마치 이런 느낌이다.

"등산하다가 벌레한테 조금 물렸어. 이 정도는 괜찮아."

"밥 먹다가 운 나쁘게 돌을 씹었을 뿐이야."

이들 중에는 자신의 잘못된 판단으로 중요한 경기를 놓친 사람도 있고, 수백억 원의 재산을 날린 사람도 있다. 하지만 그들은 실패를 부끄럽게 생각하거나 두려워하지 않는다.

더욱 재미있는 점은 대부분의 위인은 실패를 하지 않은 것은 실패를 하는 것보다 더 나쁜 일이라고 말하고 있다는 것이다. 미국 영화감독인 우디 앨런은 "가끔 실패하지 않는다면 언제나 안일하게만 산다는 증거"라고 말했고, 노벨 문학상 수상작가인 로맹 롤랑도 "실패한 경험이 없는 사람은 아무것도 하지 않은 사람이다"라고 했다.

많은 사람이 실패한다. 남들이 보기에 매우 뛰어나 보이는 사람도 실패의 사슬에서 자유로울 수 없다. 하지만 그들 중 일부는 영영 실패의 고리를 끊지 못하기도 하고, 또 다른 일부는 보란 듯이 성공한다. 그 차이점이 뭘까.

실패는 단지 실패일 뿐이다. 그 이상도 그 이하의 의미도 없다. 다만 그것을 받아들이는 태도에서 이후의 성공과 더 큰 실패가 나뉜다. 누군가는 실패로 단련되어 새로운 도전을 두려워하지 않을 수도 있다. 한편 누군가는 예전에 경험했던 실패의 기억들이 너무 아프게 다가오기 때문에 도전하지 않으려고 한다.

실패할까 봐 두렵고 실패 후 쏟아지는 사람들의 비난에 작은 용기마저 꺾이게 된다. 하지만 실패 없는 도전은 없다. 실패라는 소중한 피드백이 있기에 도전이 더욱 값진 것이다.

미국의 홈런왕 베이브 루스는 총 714개의 홈런을 치기까지 무려

1330여 회에 달하는 삼진아웃을 당했다. 그는 좌절하기보다는 삼진아웃을 한 번 당할 때마다 실패 요인을 분석하고 문제점을 해결해나갔다. 결국 1330여 회의 삼진아웃은 714개의 홈런을 가능하게 했던 밑거름이 되었다.

베이브 루스는 통산 타율 3할 4푼 2리를 기록했다. 흔히 3할을 넘으면 강타자라고 한다. 3할이란 10번을 타석에 들어서면 7번 실패하고 3번 성공하는 수치이다. 그만큼 어떤 일에 성공하기 위해서는 적어도 7번 정도의 실패는 두려워하지 말아야 한다.

프랑스의 작가 사무엘 베케트의 첫 소설은 몇 군데의 출판사로부터 42번이나 거절당한 끝에 겨우 초판을 인쇄할 수 있었다. 그러나 몇 번의 실패에 좌절하지 않은 베케트는 결국 《고도를 기다리며》라는 걸작을 남겼고, 1969년 노벨 문학상을 수상하며 작가로서의 명성을 이어갔다.

"노력했는데도 실패했다면 물러서지 말고 다시 도전하라. 설령 또 실패하더라도 그것을 통해 강해지는 법이다."

사무엘 베케트가 남긴 이 한마디는 실패가 그의 인생에서 전혀 장애가 되지 않았음을 보여준다. 물론 실패가 유쾌한 일은 아니다. 지독한 실패를 경험한 당사자들에게는 더욱 그렇다. 여기 38번 도전하여 18번을 실패하고 20번의 성공을 거둔 사람의 이야기가 있다.

한국은 물론이거니와 아시아 최초이자 인류 역사상 여덟 번째로 히말라야 8000미터급 14좌를 정복한 엄홍길 대장. 그가 처음 14좌 완등을 목표로 내걸었을 때 반신반의하는 목소리가 지배적이었다. 하지만 해군 행정병으로 입대해 "모험이 없는 삶은 지루하고 의미가 없다"고 여겨 해군 특수부대 UDT로 자원 입대할 정도로 투지가 강한 엄홍길의 생각은 달랐다. 고된 훈련을 끝마치고 경주 감포에서 독도까지 5박 6일 동안 수영한 경험이 있던 그에게 모험과 도전은 삶의 이유 그 자체였다.

엄홍길의 도전과 모험은 14좌 정복에서 끝나지 않았다. 2007년 5월 30일, 세계 최초로 16좌 완등의 신화를 이룬 것이다. 1985년 히말라야를 시작으로 무려 22년이나 걸린 긴 세월의 도전 끝에 이룬 성과였다.

생애 한 번도 오르기 힘든 히말라야 8000미터 고봉을 20번이나 오른 엄홍길 대장이었지만 실패도 많았다. 38번의 도전 중에 18번을 실패하고 20번을 성공한 것이다. 더구나 등반가에게 실패란 목숨이 위태롭다는 뜻이다. 엄홍길 대장은 실제로 죽을 고비를 몇 번 넘겼다. 그리고 동료와 부대원들의 죽음을 지켜봐야 했다.

엄홍길 대장이 만약 18번의 실패를 무서워하고 두려워했다면 세계 최초의 16좌 완등이라는 쾌거를 달성할 수 없었을 것이다. 그의 말을 들어보자.

"제 경험에 비춰보건대, 눈앞에 아무리 안 좋은 상황이 닥친다고 해도 그게 영원하진 않더라고요. 시간은 흘러갑니다. 내 인생도 한순간, 한순간 흘러갑니다. 이렇게 생각해보세요. 지금의 이 실패를 겪지 않으면, 아마 더 큰 일을 겪었을 것이라고요. 그리고 이 정도는 내가 감수할 수 있다고. 더 잘 되기 위해서 이런 과정을 겪는 거니까, 담담하게 받아들여보세요. 참고 이겨내야겠다는 자신감, 긍정적인 사고를 갖는 게 중요해요. 실패는 누구나 하는 것인데 마냥 푸념만 늘어놓으면 더는 나아갈 수 없는 거예요. 제 인생의 좌우명이 자승최강이에요. 자신을 이기는 자가 가장 강한 법이죠. 결국은 모든 것이 마음먹기 나름이죠. 우린 이렇게 살아 있잖아요."

50대 후반에 들어선 엄홍길 대장은 여전히 올라야 할 산이 많으며 더 배워야 할 것이 수없이 많다고 말한다. 하지만 그가 세운 세계 최초의 기록은 대한민국 후배들에게 커다란 영향을 끼쳤다. 그 대표적인 예가 박영석과 한완용 대장이다. 이들은 엄홍길에게 영향을 받아 14좌 완등이라는 목표를 세웠고 이를 달성했다.

엄홍길의 경험이 고스란히 후배들의 자산이 되었음은 물론이다. 시행착오도 줄일 수 있었다. 엄홍길은 이 책의 제목처럼 자신이 꿈을 이루었고, 그 꿈이 두 사람의 또 다른 꿈이 된 것이다. 그 결과 세계적으로 14좌를 완등한 12명 중에 유일하게 대한민국에만 3명을 보유하고 있는 쾌거를 이루었다.

실험이나 연구를 하는 전문가들 사이에서 떠도는 '147/805 실패의 법칙'이란 게 있다. 이는 에디슨이 전구를 발명하기까지 147번의 실패를 거듭하여 불이 켜지기까지는 무려 22년이 걸렸고 라이트 형제가 비행에 성공하기까지 무려 805번의 실패를 했다는 데서 비롯된 법칙이다.

여기에서 주목해야 할 것은 포기하지 않으면 아직 실패한 것이 아니라는 것이다. 쉽게 포기하지 않고 에디슨이나 라이트 형제처럼 묵묵히 자신의 길을 가는 사람들도 있다.

엄홍길도 16좌를 성공하기 위해 무려 22년 동안 산에 오르지 않았는가. 9000개가 넘는 슛을 실패했고, 패한 경기도 300경기가 넘는 마이클 조던이나 1330여 회의 삼진아웃을 당하며 714개의 홈런을 친 베이브 루스도 마찬가지이다. 그들은 비록 단기간에 큰 성과를 내지 못했지만 그 노력의 시간이 모여 큰 결과를 만들어낼 수 있었다.

이처럼 오직 자신의 꿈과 목표를 향해 달려가는 사람들의 심리가 어떠한지를 알아보는 흥미로운 실험결과가 있다.

'애트킨슨의 기대 이론'期待理論, expectancy theory of Atkinson으로 유명한 미국의 심리학자 애트킨스J. W. Atkinson은 어떤 일에 성공하여 남으로부터 인정받고 싶어하는 마음과 실패할지도 모른다는 각기 다른 심리 상태가 어떤지 궁금했다. 그래서 목표의 난이도 여하에 따라 인간의 심리가 어떻게 변화하는가를 실험했다.

"지금 여러분 앞에는 여러 개의 말뚝이 박혀 있습니다. 자, 이제부터 제가 고리를 나누어주겠습니다. 그 고리를 어디에 던져도 상관없습니다. 하지만 멀리 있는 말뚝에 고리를 넣으면 고득점이 되고, 가까운 곳에 던지면 낮은 점수를 받게 됩니다."

애트킨슨은 실험자에게 10회를 던지게 했다.

"고리를 던질 때마다 던지는 위치를 바꾸어도 좋습니다."

여기서 잠시. 당신이라면 어느 위치에 던지겠는가?

1. 높은 득점을 노리고 싶어 먼 곳을 향해 던진다.
2. 중간 위치에서 안정된 득점을 노린다.
3. 확실한 득점을 노려 가장 가까운 거리에서 던진다.
4. 던질 때마다 위치를 바꾼다.

당신은 몇 번을 선택했는가?

실험이 모두 끝난 후 애트킨슨 박사는 참가자들의 선택과 심리를 체크했다. 그런데 놀라운 사실이 밝혀졌다. 실험 결과 목표를 달성해야겠다는 욕구가 강하고 실패를 두려워하지 않은 사람일수록 중간 위치에 던진 것이다. 그리고 실패를 두려워하고 목표에 대한 추진력을 갖추지 못한 성격을 지닌 사람은 가까운 거리나 먼 거리를 선택해서 던졌다.

놀랍지 않은가? 우리는 흔히 목표에 대한 추진력이 강한 사람일수록 어려운 일에 도전한다고 생각한다. 하지만 실험에서도 밝혀졌듯이 이런 사람일수록 성공할 확률이 낮은 것을 선택하지 않았다. 즉 자신의 꿈이 뚜렷하고 목표가 있는 사람일수록 도박을 하지 않고 실현 가능한 것부터 선택한다는 경향이 있다는 것이다.

애트킨슨은 사람들이 어떤 과제를 선택하는 데는 그 과제를 달성할 수 있는 가능성, 결과가 가져다줄 것에 대한 생각, 그리고 그 과제를 얼마나 하고 싶어하느냐 하는 요인이 복합적으로 작용한다고 주장했다. 이게 바로 애트킨슨의 기대 이론이다.

"어떤 과제를 받고 선택에 임하는 사람들을 두 부류로 나눌 수 있습니다. 첫 번째 부류는 그 과제를 성공적으로 수행하려는 욕구가 강합니다. 나머지는 과제의 실패를 회피하려고 하는 부류입니다. 성공을 바라는 경우의 선택은 성공하고 싶은 동기의 강도, 성공 가능성, 성공하는 경우의 결과를 고려합니다. 반면 실패를 회피하려는 선택을 하는 경우는 실패를 회피하고자 하는 동기의 강도, 실패 회피의 가능성, 실패 회피 경우의 결과를 고려합니다."

만약 당신이 무언가에 실패했다면 그 원인을 잘 생각해보라. 실패를 두려워하는 사람은 자기로서는 도저히 실행하기 어려운 과제만을 선택하는 경향이 있다. 그 결과 성공을 거두지 못했을 경우에는 이렇게 말한다.

"봐라. 이건 어느 누가 해도 실패할 수밖에 없다."

이런 사람은 실현 불가능한 과제라는 것을 빌미로 자신의 실패를 정당화한다. 언제나 말만 번지르하게 하고 '나는 한국 최고의 부자가 되겠다', '세계 최고의 CEO가 되겠다'고 큰소리친다. 하지만 이렇게 큰소리치는 것보다 견실하게 인생을 사는 사람 쪽이 성공을 거둘 확률이 높다.

"인간은 패배했을 때 끝나는 것이 아니라 포기했을 때 끝나는 것이다."

미국의 제37대 대통령 닉슨의 말이다.

살다 보면 누구나 크고 작은 실수와 실패를 경험하게 마련이다. 물론 실패의 아픔을 맛보지 않을 수만 있다면 더 바랄 게 없겠지만 세상엔 그렇게 운 좋은 사람을 찾기는 힘들다. 성공에 이르기까지 크고 작은 실패를 피해갈 수 없다면 실패를 두려워하지 말고 정면 승부를 하면 된다.

실패는 경험하지 못하는 것보다 오히려 해보는 편이 낫다. 극단적으로 말하자면 실패를 많이 하는 게 성공의 지름길이다. 영국의 극작가 토마스 사운전은 "실패는 낙담의 원인이 아니라 신선한 자극이다"라고 말했다.

자신의 꿈을 향해 달려갈 때 한 번 실패했다고 해서 그 자리에 주저앉으면 전진이란 있을 수 없다. 여기서 중요한 것은 만약 실패를 했다면 그 실패들을 숨기려고 하지 않는 자세가 필요하다는 것이다. 사소한 실패를 했는데 자꾸 그 실패들을 숨기려고 한다면 결국 그 실패들은 당신의 내면 속에 꼭꼭 숨어 있으면서 실패를 더욱 악화시킨다. 그래서 나중에 큰 실패로 이어질 확률도 높아진다. 실패를 했다면 숨기지 않고 실패의 원인이 무엇이고 해결책은 무엇인지 연구하는 자세가 필요하다.

삼성 이건희 회장은 직원들에게 실패를 두려워하지 말라고 주문한다. 실패를 두려워하면 발전이 없다고 판단하기 때문이다. 실패를 경험함으로써 자신은 더 강해질 수 있고 일 또한 더 잘 할 수 있다. 두려워할 것은 실패 그 자체가 아니라 실패한 경험을 긍정적으로 활용하지 못하는 자신이다. 그래서 이건희 회장은 실수나 실패는 용서할 뿐만 아니라 오히려 칭찬할 수 있지만 실패가 두려워서 아무런 모험조차 하지 않는 사람은 경계한다.

실패를 부정적으로 받아들이는 것이 아니라 실패의 속성을 이해하여 극복함으로써 실패를 새로운 성공의 토대로 삼아야 한다. 실패를 일종의 통과의례로 생각해야 한다. 경험에서 배워 성공으로 가는 디딤돌이라고 생각해야 한다.

실패한 적이 없다는 말은 기회를 잡은 적도 없다는 뜻이다. 어떤 일을 시도해서 실패한 사람이 아무것도 시도해보지 않고 성공한 사람보다 훨씬 낫다.

20

꿈을 이룬다는 것은
끊임없이 연습한다는 것이다

"연습을 하루 거르면 내가 알고, 이틀을 거르면 평론가가 알고, 일주일을 거르면 청중이 안다."

이 명언은 음악학도의 연습실 벽이라면 반드시 붙어 있는 문구이다. '신이 빚은 바이올리니스트'로 불리는 러시아 출신의 야사 하이페츠Jascha Heifetz가 말한 이 문장만큼 연습의 중요성을 대변해주는 말이 또 있을까?

세계적인 피아니스트 아르투르 루빈스타인도 비슷한 말을 했다.

어느 날 루빈스타인이 카네기홀 주변을 걷고 있었다. 마침 옆을 지나가던 한 젊은이가 루빈스타인에게 다가와 물었다.

"선생님, 카네기홀은 어떻게 갈 수 있습니까?"

그러자 루빈스타인은 잠시 생각하더니 젊은이의 눈동자를 보고 이렇게 말했다.

"연습, 그리고 연습, 또 연습뿐이라네."

야사 하이페츠와 루빈스타인은 연습의 중요성을 누구보다 잘 알고 있었다. 예술계나 스포츠계에서는 유독 연습을 생명수처럼 여긴 사람이 많다. 이들은 똑같은 훈련과 연습을 반복함으로써 자신의 상태를 최상으로 만든다.

사실 한 분야에서 똑같은 일을 반복하기란 결코 쉽지 않다. 반복되는 일상이 지겹기도 하고 일탈의 유혹도 강하다. 하지만 자신의 분야에서 꿈을 이룬다는 것은 끊임없이 자신의 꿈을 체크하고 다듬고 수정하는 일이다. 무엇이 부족하고, 무엇이 넘치는가를 자신보다 더 잘 아는 사람은 없다.

계속해서 연습을 생명수처럼 여긴 연습벌레들을 만나보자.

역사상 가장 위대한 첼리스트로 칭송받는 파블로 카잘스는 95세의 나이임에도 불구하고 하루에 여섯 시간을 연습하는 것으로 유명했다. 항상 바흐의 음악을 들으며 아침을 시작했으며 사람을 누구보다 사랑했던 그는 늘 연습이 부족하다고 자신을 채찍질했다. 그런 마음가짐이 "나는 우선 사람이고, 둘째 음악가이며, 셋째로 첼리스트"라는 말을 남기며 죽기 불과 몇 달 전까지 연주회를 가질 정도로 단단했다.

긴 레게 머리를 흩날리며 감성적인 음악을 들려주는 세계적인 색소폰 연주자 케니 지. 2012년 한국관광 명예홍보대사가 되었을 만큼 한국과 인연이 깊은 케니 지가 연주하는 모습을 자세히 들여다보면 색소폰을 입의 가운데 물지 않고 약간 옆으로 비스듬히 무는 것을 볼 수 있다. 어려서부터 너무 오랫동안 색소폰을 물고 연습을 한 탓에 앞니가 모두 상했기 때문이다.

세계적인 액션 스타 성룡은 제대로 학교도 다니지 못했고 글을 읽지도 못한다. 문맹인 그는 주변 사람에게 대본을 읽어달라고 부탁하고는 그걸 들으면서 대본을 통째로 외워버린다. 꿈에서도 수십 번을 연습한 결과이다. 놀라운 것은 영화 흐름상 자신의 대본만 외우는 것이 아니라 다른 배우들의 대사까지 외우고 있다는 점이다. 그래서 다른 배우들이 자신의 대사를 잊어먹기라도 하면 성룡이 그 역할에 맞는 포즈와 억양을 취하며 알려주기도 한다. 성룡은 그런 식으로 100편 이상의 영화를 찍었다.

국내에서 밀리언셀러를 기록했고 미국을 비롯하여 32개국에 수출된 한류 문학의 메가 히트 도서《엄마를 부탁해》의 작가 신경숙. 그녀는 고등학교 시절부터 조세희의《난장이가 쏘아 올린 공》과 김승옥의《무진기행》을 비롯한 여러 단편들을 필사했다. 몇 권의 소설을 손으로 직접 공책에 전부 적는 연습을 한 그녀는 작가가 되어서도 가끔씩 필사를 한다.

LA 올림픽에서 런던 올림픽까지 무려 7회 연속 금메달을 석권한 한국 여자 양궁선수들도 지독한 연습벌레다. 외국 선수들이 하루

100발 정도 연습할 때, 한국 선수들은 1000발을 쏜다. 그런 연습 때문에 한국 선수들은 종종 카메라 렌즈를 깨뜨리는 신궁을 발휘하기도 해 세계를 깜짝 놀라게 한다.

  세계 최고의 진행자인 래리 킹도 연습이라면 빠질 수 없는 인물이다. 그는 말하는 능력을 키우기 위해 새벽방송 일기예보, 스포츠 리포터, 뉴스 앵커, 때로는 강연까지 밤낮을 가리지 않고 일을 맡았다. 보수가 작더라도 무작정 달려갔다. 혼자 있을 때도 예외는 아니었다. 방 안이나 자동차 안에서 말하고, 거울에 비친 자신의 모습을 보고 눈을 맞추며 동작을 곁들인 연습을 했다. 심지어 집에 있는 애완견을 상대로 말하는 연습을 하기도 했다. 래리 킹은 "말은 하면 할수록 는다. 끊임없이 연습하라. 그리고 무엇보다 스스로에게 솔직해져라"라고 했다. 이것이 고졸 출신으로 세계 최고의 진행자가 된 래리 킹의 성공 핵심이다.

  세계 축구의 역사를 바꿔놓고 있는 메시는 일 년에 363일을 하루도 빠짐없이 경기장에 나와 공 차는 연습을 했다. 나머지 이틀은 구단에서 새롭게 잔디를 까는 작업을 하느라 문을 봉쇄해서 들어가지 못했다. 결국 메시는 나머지 이틀을 경기장 밖에서 연습했다.

  이렇게 대부분 성공한 사람은 연습하고, 또 연습했다. 연습이란 특정한 습관을 형성하거나 특정한 행동을 보다 능률적으로 행하기 위해 일정한 행동을 반복하는 과정을 말한다. 일반적으로 인간의 행동은 연습에 의해 다음과 같이 변화한다.

  첫째, 일정 시간 내의 작업량이 많아지고 작업의 질이 좋아져 정확하고 신속해진다.

둘째, 성공률이 증대한다.

셋째, 에너지의 낭비가 적어져서 행동이 원활해진다.

넷째, 행동에 대해서 의식하는 일이 적어지고 의식을 하며 작업할 수 있게 된다.

즉 행동이 기계적으로 반응하는 것이다.

<u>연습을 통해 익숙해졌다는 느낌이 생기면 자신의 행동에 대해 자신감이 생긴다. 자신감은 위기 상황에서도 당황하지 않고 슬기롭게 대처할 수 있는 놀라운 힘을 발휘한다.</u>

이를 증명하는 유명한 일화가 있다.

세계적인 바이올린 연주가인 이작 펄만이 뉴욕 링컨센터 애버리 피셔홀에서 초청 연주회를 가질 때의 일이다. 그를 보러 온 수많은 관객에게 인사를 하고 연주를 시작한 이작 펄만은 아름다운 선율로 청중들의 귀를 사로잡았다. 그때 뜻하지 않은 일이 발생했다. 바이올린 줄 하나가 끊어진 것이다. 평소 준비성이 철저하고 실수를 하지 않는 그였기에 관객들의 안타까움이 더욱 컸다. 객석에서 안타까운 탄식 소리가 들렸다. 하지만 펄만은 당황하지 않았다. 그는 바이올린을 교체하거나 줄을 갈아 끼우지도 않았다. 그냥 나머지 세 줄로 연주를 이어갔다.

이제껏 들어본 적이 없는 뜨거운 열정과 파워 넘치는 바이올린 소리가 객석을 가득 채웠다. 펄만은 지금까지 연주한 적이 없는 새로운 곡을 연주했다. 세 줄로 교향곡 연주가 불가능하다는 것을 알고 있던 이작 펄만은 즉흥적으로 편곡을 하고 재작곡을 해서 새로운 음을 창조한 것이다. 이작 펄만은 눈물을 흘리며 감동에 젖은 관객에게 이렇게 말했다.

"감사합니다, 여러분. 때로는 자신에게 남아 있는 것을 갖고 아름다운 작품을 창조하는 것이 바로 예술가가 하는 일입니다."

이작 펄만은 현재 '펄만 쥬믹 프로그램'을 설립하여 젊고 유망한 현악기 연주가들에게 숙식을 제공하며 실내악 교육을 실시해오고 있다. 그가 제자들에게 외치고 있는 것은 바로 자신이 어린 시절 귀가 따갑도록 들었던 말이다.

"연습하라, 그리고 또 연습하라. 이 세상의 모든 천재는 99퍼센트 연습에서 나온다."

미국의 홈런왕 베이브 루스의 일화도 유명하다. 그는 메이저리그에서 22시즌을 뛰면서 714개의 홈런을 기록했는데 날아오는 야구공의 실밥까지 뚜렷이 볼 수 있었다고 한다. 가만히 있는 공도 아니고 투수가 전속력으로 던진 공의 실밥을 볼 수 있었던 것은 그가 남다른 시력을 가졌기 때문이다. 물론 베이브 루스가 태어날 때부터 그런 능력을 가지고 있었던 건 아니다.

베이브 루스가 며칠 동안 연습에 빠진 일이 있었다.

"우리의 홈런왕이 감기 몸살이라도 걸렸남."

"아닐 거야. 그깟 감기 때문에 연습에 나오지 않을 베이브 루스가 아니지."

걱정이 된 동료들이 그의 방을 찾았다. 방 안에는 음악이 흘러나오고 있었다. 동료들의 시선이 음악이 흘러나오는 레코드판으로 모여졌다. 그곳에는 타격 자세를 취하고 레코드판을 노려보는 베이브 루스가 있었다. 동료들이 방에 들어온지도 모른 채 삼매경에 빠진 모습이 마치 수도승 같아 보였다. 호기심과 놀라움에 가득 찬 동료 한 명이 물었다.

"아니, 자네 지금 무얼 하고 있나?"

인기척에 얼굴을 돌린 베이브 루스가 아무렇지도 않다는 듯이 대답했다.

"보면 모르나. 연습하고 있지 않나."

베이브 루스는 레코드판의 바늘 끝을 공이라 생각하고 자신만의 독특한 방법으로 연습하고 있었던 것이다. 처음에는 회전이 빨라 바늘 끝을 놓치고 어지러워 속이 울렁거렸지만 어느 순간 바늘 끝이 보이기 시작했다. 지금도 전 세계 야구팬에게 홈런의 대명사가 된 그의 업적은 이런 피나는 연습이 있었기 때문이다.

어떤 분야에서나 실력을 인정받기 위해서는 그만큼의 연습이 필요하다. 연습 없이 성공한 예는 역사상 찾아볼 수가 없다.

연습이말로 꿈과 성공을 위해 꼭 필요한 엔진이다. 엔진이 없으면 아무리 비싼 차라도 달릴 수 없는 것처럼 연습이 없으면 당신의 꿈은 단 한 발짝도 움직일 수 없다.

"나는 한 번을 웃기기 위해 최소한 100번을 연습한다. 당신은 무엇인가를 위해 100번을 연습한 적이 있는가?"

찰리 채플린의 말이다.

여러분은 무엇을 얻기 위해 하루 10시간 연습한 적이 있는가?

꿈을 이룬다는 것은 무엇인가를 열심히 연습한다는 것이다. 연습을 하면서 흘린 땀과 노력은 당신의 꿈을 자라게 하는 자양분이다.

21

게으름이라는 악성 바이러스를
꿈의 백신으로 치료하라

러시아의 대문호 톨스토이는 《전쟁과 평화》, 《안나 카레니나》, 《부활》 같은 세계 문학사에 길이 남을 명작을 쓴 작가지만 청년 시절 생활은 무절제하고 방탕했다. 이상주의자이자 쾌락주의자였던 톨스토이는 성욕과 도박의 유혹 앞에 무방비 상태였다. 엄청난 빚더미에 앉아 그걸 갚기 위해 말년에도 힘겹게 소설을 썼을 정도였다. 톨스토이는 자신의 지난날을 돌아보며 이렇게 말했다.

"게으른 자의 머릿속은 악마가 살기에 가장 좋은 곳이다."

꿈을 이루고 성공한 사람치고 게으른 사람은 없다. 게으름도 일종의 습관이다. 한때 유행했던 귀차니즘도 게으름의 일종이다. 오늘 할 일을 하루하루 미루게 되면 결국 해결해야 할 문제가 점점 쌓여간다. **게으름뱅이는 시간을 낭비하는 것이 아니라 결국 자신과 인생을 낭비하는 것이다.**

미국 남서부에 위치한 작은 어촌 마을. 이곳 사람들은 물고기를 잡아 통조림으로 가공하는 일로 생계를 이어가고 있었다.

"도대체 이게 무슨 일이야!"

아침 일찍 항구에 나온 한 어부 앞에는 믿을 수 없는 광경이 펼쳐져 있었다. 선착장 근처에서 갈매기들이 떼죽음을 당한 것이다. 어부는 이 사실을 동네에 알렸다. 곧이어 마을 회의가 열렸다.

"왜 갈매기들이 떼죽음을 당한 것일까요?"

"혹시 바닷물이 오염된 것은 아닐까요?"

"누군가가 바다에 독약을 풀어놓은 게 아닐까요?"

여기저기서 각자의 생각과 의견이 쏟아졌다. 무엇보다 걱정스러운 것은 만약 바닷물이 오염되어 갈매기들이 떼죽음을 당한 것이라면 주민들에게는 더할 수 없는 재앙이다. 이제 통조림을 만들어 파는 일도 어려울 것이고, 그렇게 되면 마을의 생계와 존립마저도 위협받을 수 있기 때문이다.

"아무래도 전문가들의 도움을 받는 게 좋겠어."

긴 회의 끝에 마을 원로들은 전문가를 불러 대대적인 조사를 벌였다. 몇 일에 거친 정밀한 조사가 이뤄졌고, 드디어 결과를 발표하는 날이 다가왔다.

"죄송합니다. 도저히 원인을 찾을 수 없습니다."

마을 주민 앞에 선 조사팀이 고개를 숙이며 말했다.

"한 가지 분명한 것은 갈매기의 떼죽음이 바닷물 오염 때문이 아니라는 사실입니다."

시간이 지날수록 떼죽음을 당하는 갈매기가 점점 늘어났다.

이때 한 학자가 이 문제를 집중적으로 연구했고 진짜 이유를 알아냈다. 이 마을은 지금까지 물고기의 몸통은 통조림으로 가공하고 머리와 꼬리 등 쓸모없는 부위는 바다에 버렸다. 갈매기들은 이들이 버린 것들을 배부르게 먹으며 편히 살아왔다. 그래서 이 마을에는 유독 갈매기가 많았다.

그러나 어느 날 머리와 꼬리를 가공하면 가축용 사료로 팔아 돈을 얻을 수 있다는 사실을 알았다. 그래서 마을 사람들은 머리와 꼬리를 바다에 버리지 않았고, 그동안 사람들이 주는 먹이로 배불리 먹었던 갈매기들이 떼죽음을 당한 원인이 된 것이다. 쉽게 먹이를 구할 수 있었던 갈매기들은 물고기 잡는 방법조차 잊어버렸던 것이다. 학자가 마을 주민을 향해 말했다.

"갈매기들은 스스로 먹이 구할 생각을 하지 않은 겁니다. 왜냐하면 여러분들은 갈매기들에게 꾸준히 먹이를 주었으니까요. 그들은 여러분이 던져주는 먹이만 기다리다 결국 굶어죽은 거지요. 갈매기들을 죽인 것은 바로 목숨과 맞바꾼 그들의 게으름이었습니다."

이렇듯 게으름은 자신의 꿈과 목숨을 서서히 위협한다. 무서운 것은 게으름이 습관이 되어 그것을 바꾸려고 시도하지 않거나 게으름이 진리라는 착각에 빠지는 단계까지 다다르는 데 있다. 이렇게 몸에 게으름이 덕지덕지 붙어 있는 사람의 머릿속에는 이런 생각으로 가득 차 있다.

"이건 내가 할 일이 아니야."

"내가 아니더라도 누군가는 하겠지."

"내 인생은 내 거야. 내 마음대로 할 거야."

"하든 안 하든 결과는 똑같아. 아이, 귀찮아."

가난한 농부의 아들로 태어나 세계적인 기업으로 성장시킨 현대그룹 창업자 정주영 회장. 그는 게으름을 피우는 것에 선천적인 혐오감이 있었다.

정 회장은 젊었을 때부터 새벽에 일찍 일어나는 습관이 몸이 배어 있었다. 쌀가게 시절부터 누구보다 먼저 일어나 문을 열고 점포를 정리했던 그였다. 자신이 사업을 하던 시절에도 새벽 3시면 어김없이 일어났다.

"나는 새벽 일찍 일어난다. 왜 일찍 일어나느냐 하면 그냥 오늘 할 일이 즐거워서 기대와 흥분으로 마음이 설레기 때문이다. 또 밤에는 항상 숙면할 준비를 갖추고 잠자리에 든다. 날이 밝을 때 일을 즐겁고 힘차게 해치워야겠다는 생각 때문이다. 내가 이렇게 행복감을 느끼면서 살 수 있는 것은 이 세상을 아름답고 밝게, 희망적으로, 긍정적으로 보기 때문에 가능한 것이다."

심지어 새벽에 일어나 해가 빨리 뜨지 않는다고 역정을 내곤 했다는 일화도 있다. 정주영의 자녀들은 매일 아침 6시만 되면 식탁에 앉아 밥을 먹어야 했다. 정주영 회장의 리더십은 성실과 신용, 실천으로 요약된다. 이 같은 그의 정신이 사후 10년이 지났음에도 세인들에게 끊임없이 복기되고 회자되는 이유이다.

카네기를 감동시킨 철공의 이야기도 성실과 부지런함이 성공에 있어 얼마나 중요한 요소로 작용하는지 말해준다. 카네기는 언제나 성실하게 일하는 한 철공을 눈여겨보았다. 청년은 항상 말없이 자신이 맡은 일을 열심히 했고 능력도 출중했다. 청년 시절 자신의 모습을 보는 것 같은 철공에게 카네기가 말했다.

"내 자네를 쭉 지켜보았네. 성실하고 책임감 있는 모습에 반했네. 오늘부터 이 공장의 책임자가 되어주게. 보수는 지금보다 두 배를 주겠네."

철공은 카네기를 쳐다보며 이렇게 말했다.

"사장님, 저는 다른 일은 할 줄 모릅니다. 평생 해본 일이라곤 쇳물에서 철관을 뽑는 일밖에 없습니다. 물론 철공일이야 제가 최고라고 자부합니다. 하지만 다른 일은 사양하겠습니다. 저는 지금 하고 있는 일에 만족합니다. 이 일을 계속하게 해주십시오."

그 철공의 말에 카네기는 자신의 생각이 짧았다는 것을 깨달았다.

"내 생각이 부족했네. 하지만 자네야말로 철공 분야에서는 세계 최고의 기술자이니 이제부터 최고에 걸맞는 대우를 해주겠네. 자넨 오늘부터 지금의 월급보다 네 배의 월급을 받을 걸세."

부지런한 사람은 자신이 떠들고 다니지 않아도 누군가가 지켜보기 마련이다. 그리고 땀과 노력은 결코 배신하지 않는다는 것을 그 누구보다 잘 알고 있다. 《법구경》에는 부지런함과 관련한 유명한 구절이 나온다.

> 어리석어 지혜가 없는 사람은 게으름과 방종에 빠지고
> 생각이 깊은 사람은 부지런함을 가보로 삼는다.
> 어진 이가 부지런해서 게으름을 물리칠 때
> 지혜의 높은 다락에 올라 근심하는 무리들을 내려다본다.
> 마치 산 위에 오른 사람이 지상에 있는 사람들을 내려다보듯.
> 부지런함을 즐기고 게으름을 두려워하는 수행자는
> 크고 작은 온갖 속박을 불같이 태우면서 나아간다.
> 부지런함을 즐기고 게으름을 두려워하는 수행자는
> 어느새 열반의 경지에 이르러
> 결코 물러나는 법이 없다.

아침 일찍 일어나서 하루를 준비하는 습관을 만들어라. 잠자리에 들 때 다음날 할 일이 즐거워 기대와 흥분으로 마음이 설레인다면 당신은 성공의 궤도에 이미 진입한 것이다.

게으름이 몸에 붙어 있으면 엉덩이는 점점 무거워진다. 게으른 것은 자신의 꿈과 목표라는 채널을 미래와 행복이라는 리모콘으로 정지시키는 것과 같다. 그리고 게으름 때문에 인생과 인간관계는 점점 도태해간다. 게으른 사람은 늘 머릿속에서만 일을 처리하려는 경향

이 있다.

이런 사람이 있다면 스피노자의 "자신은 할 수 없다고 생각하고 있는 동안 사실은 그것을 하기 싫다고 다짐하고 있는 것이다. 그러므로 그것은 실행되지 않는다"라는 말을 귀담아들을 필요가 있다.

게으름 때문에 굶어죽는 갈매기가 될 것인가, 아니면 높이 날며 끊임없이 먹이를 찾는 갈매기가 될 것인가?

Dream

Part 04

생생하게 꿈꾸면 반드시 이루어진다

If I come true my dream, I will be somebody's dream

If I come true my dream, I will be somebody's dream

자신이 세운 꿈을 이루지 못하면
'오늘 죽어도 좋다'는 각오로 이를 악무는
악바리 근성이 있어야 한다.
이루고자 하는 꿈이 당신의 목숨과도
바꿀 만큼 소중하다면 말이다.

22
가슴 가득 꿈을 안고
리빙 포인트를 향해 달려라

"새는 날고, 물고기는 헤엄치고, 사람은 달린다."

'올림픽의 꽃'이라 불리는 마라톤은 힘들고 고통스런 극한의 레이스이다. 혹독한 자기 싸움이자 인내의 시험대이다. 그래서 마라토너가 다른 종목에 출전하는 것은 사실상 불가능에 가깝다. 하지만 1952년 헬싱키 올림픽에서 역사적인 대기록이 달성되었다. 남자 육상 5천 킬로미터, 1만 킬로미터, 마라톤까지 제패한 선수가 등장했기 때문이다.

아직도 깨지지 않은 이 기록을 달성한 이는 체코 출신 에밀 자토펙Emil Zatopek 선수. 가난한 목수의 아들로 태어나 19세가 되기까지 정식으로 육상을 해보지 못한 에밀 자토펙은 공장에서 일하며 운동을 시작했다. 몸도 약하고 달리기에도 소질이 없었지만 승부욕과 열정은 대단했다.

주법도 독특했다. 당시 과학적이고 체계적인 주법과는 달리 자신만의 주법을 사용했다. 머리가 흔들렸고 상체도 흔들렸다. 얼굴은 괴로워서 잔뜩 찡그렸다. 거친 숨소리를 토해내며 쉼없이 달리는 자토펙의 모습이 기관차를 닮았다고 해서 '인간 기관차'라는 별명이 붙었다. 체코에서는 실제로 운영되고 있는 기관차에 자토펙의 이름을 붙이기도 했다.

"자토펙 만세!"

"체코여, 영원하라!"

에밀 자토펙이 자신의 첫 마라톤 풀코스에서 올림픽 기록으로 시상대에 오르자 우레와 같은 박수소리가 터져 나왔다. 3개의 금메달을 모두 올림픽 기록으로 우승한 그는 "우승을 원한다면 100미터 단거리를 뛰어라. 하지만 인생을 경험하고 싶다면 마라톤을 하라"는 수상소감으로 마라톤에 대한 애정을 과시했다.

그런 자토펙에게 커다란 위기가 닥쳐왔다. 1956년 멜버른 올림픽을 2주 앞두고 복부에 극심한 고통이 찾아온 것이다. 운동장에 쓰러진 자토펙을 업고 코치는 병원으로 달려갔다.

"탈장입니다. 얼른 수술을 하지 않으면 위험합니다."

수술대에 오른 자토펙의 머릿속으로 지난날이 주마등처럼 지나갔다. 남들보다 뒤늦은 육상 입문. 그래서 뼈를 깎는 훈련과 고통을 이겨내야 했다. 다리에 무거운 추를 달고 높은 곳을 오르내리는 훈련을 하기도 하고, 심폐 기능을 높이기 위해 숨을 멈추고 뛰다가 기절한 적도 있다. 하지만 자토펙에게는 올림픽 금메달이라는 뚜렷한 목표가 있었다.

"그건 미친 짓이네!"

수술을 무사히 마친 자토펙의 곁에서 코치가 소리쳤다.

"이번이 제게는 마지막 올림픽입니다. 전 누구보다 열심히 훈련했고 준비도 철저히 했습니다. 여기서 주저앉을 수 없습니다. 다시 4년을 기다리기에는 제 나이가 너무 많습니다."

"자넨 지금 막 탈장 수술을 받았어. 이런 몸으로 마라톤에 참가하는 건 자살 행위야! 난 허락할 수 없네!"

침대에 누워 있던 에밀 자토펙이 소리를 치며 벌떡 일어났다.

"코치님, 전 마라토너입니다. 마라토너는 달릴 때만이 존재 가치와 의미가 있다고 저한테 가르치신 게 누구십니까? 전 끝까지 달릴 겁니다. 꼭 금메달을 따지 못해도 괜찮습니다. 전 이 레이스에서 완주할 겁니다."

결국 자토펙은 올림픽에 참가했고 최악의 몸 상태에서 마라톤 풀코스를 6위로 완주했다. 비록 메달 획득에는 실패했지만 자토펙의 투혼에 많은 사람이 감동의 박수를 보냈다. 경기가 끝나자 기자들이 그의 곁으로 몰려왔다. 한 기자가 물었다.

"당신은 이미 돈과 명예를 얻었습니다. 이렇게 무리하면서까지 마라톤에 참가한 이유는 무엇입니까? 그리고 무슨 생각을 하며 달렸습니까?"

에밀 자토펙이 대답했다.

"육상선수는 주머니에 돈을 넣고 뛸 수 없습니다. 다만 머리에는 꿈을, 가슴에는 희망을 품고 뛰어야 합니다."

인생은 마라톤이라는 말이 있다.

마라톤은 42.195킬로미터를 달리는 최장거리 종목으로 지구력의 한계를 시험하는 경기이다. 기원전 490년, 그리스와 페르시아 전쟁에서 그리스의 승전보를 알리기 위해 휘디피데스라는 병사가 마라톤에서 아테네까지 40킬로미터를 달린 것이 그 기원이 되었다. 오늘날 같이 42.195킬로미터로 채택된 것은 1924년 파리 올림픽에서부터였다.

첫 번째 마라톤이 열린 파리 올림픽은 영국 대표로 출전하여 금메달을 목에 건 해롤드 아브라함과 에릭 리델의 우정과 인간 승리로도 유명하다.

유대인 고리대금업자의 아들로 명문 캠브리지 대학생인 해롤드 아브라함은 영국 대표로 선발된다. 유대인이기에 당해야 했던 천대와 멸시를 이겨내기 위해 열심히 투지를 불태운다.

한편 스코틀랜드인 선교사인 에릭 리델 역시 피나는 노력과 뛰어난 기량으로 대표 선수로 선발된다. 그러나 경기가 일요일로 예정되자 안식일에 경기를 할 수 없다며 포기하기에 이른다. 동료 선수의 양해로 다른 날 열리는 400미터 경기에 출전하게 된 에릭 리델과 100미터에 출전한 해롤드 아브라함.

에릭은 자신의 꺼지지 않는 종교적인 신념을 증명하기 위해 달리고, 해롤드는 유대인은 열등하다는 편견을 깨고 그 사실을 세상에 알리기 위해 달린다. 둘은 결국 금메달을 목에 걸고 올림픽과 영국 육상 역사의 영원한 영웅으로 기록된다.

이들의 감동적인 이야기는 영화 〈불의 전차〉Chariots Of Fire로 만들어져 그리스 출신의 천재 작곡가 반젤리스의 사운드 트랙과 함께 전 세계인의 사랑을 한몸에 받았다. 결국 제54회 아카데미상 시상식에서 작품상, 각본상, 음악상, 의상상을 수상했다. 이뿐 아니라 영국 아카데미, 칸영화제, 골든글로브, 뉴욕비평가협회, 토론토국제영화제, 런던비평가협회 등에서 상을 수상하며 스포츠 영화사에 길이 남을 명작이 되었다. 이 영화에는 달리기와 관련된 잊을 수 없는 명대사가 나온다.

"끝까지 달리게 하는 힘은 어디서 생기는 걸까?"

해롤드에게 그 힘의 원천은 핍박받는 유대인으로서의 집념이고 마침내 그걸 증명할 기회가 온다. 바로 에릭과 겨루게 된 것이다. 하지만 해롤드는 에릭에게 지고 만다.

상심에 빠진 해롤드는 연인에게 말한다.

"난 이기기 위해 달렸다고요. 이길 수 없다면 애당초 달리지도 않았어요."

모든 것을 관두고 싶다는 해롤드에게 그의 연인이 말한다.

"달리지 않으면 이길 수도 없어요."

사람들은 '올림픽의 꽃'이라 불리는 마라톤에 관심이 많다. 일제시대 가슴에 일장기를 달고 뛰었던 손기정에서부터 1992년 바르셀로나 올림픽에서 금메달을 목에 건 황영조까지 사람들은 마라토너의 레이스에 손에 땀을 쥐며 열광한다. 이러한 마라톤에 대한 경외심과 열풍은 사람들을 보는 관객의 입장에서 직접 해보는 선수 역할로 탈바꿈시켰다.

2000년대 중반 전국을 휩쓴 올림픽 열풍은 힐링과 건강의 소중함을 일깨워주며 국민 스포츠로 자리 잡았다. 마라톤 마니아로 유명한 일본 작가 무라카미 하루키는 "더 오래 살기 위해서가 아니라 더 잘 살기 위해 달린다. 내 비명에는 '소설가이자 러너, 적어도 걷지 않았다'라고 적을 것이다"고 말했을 정도였다. 그렇다면 사람들은 왜 그토록 마라톤에 열광하는 것일까? 그건 마라톤이 인생과 많이 닮아 있기 때문이다.

마라톤 용어 중에 데드 포인트Dead Point라는 것이 있다. 선수가 자신의 코스를 열심히 달리다 숨이 막혀 더는 달릴 수 없는 극심한 순간을 말한다. 보통 41.195킬로미터 되는 지점으로 알려져 있다.

고도로 훈련된 선수가 아니면 이 데드 포인트에서 달리기를 포기하게 된다. 그래서 이 데드 포인트를 극복하는 것이 마라톤 선수에게는 매우 중요한 훈련이다. 데드 포인트를 어떻게 극복하느냐는 비단 체력의 문제만은 아니다. 그건 정신과 마음의 문제이기도 하다. 레이스를 펼치는 마라토너가 어떤 정신 상태와 마음가짐을 가지고 있느냐가 중요하다.

에밀 자토펙은 이렇게 말했다.

"기적은 단 한 번의 훈련으로 일어나지 않는다. 수백 번, 수천 번 반복하는 훈련은 물리적인 변화 이상의 것을 가능하게 한다. 눈비 오는 날이나 심한 피로가 느껴지는 날에도 나는 달린다. 자신의 의지가 문제되지 않을 때 기적은 일어난다."

중요한 것은 이 데드 포인트를 지나면 다시 힘이 나고 마음이 편안해진다는 것이다. 바로 이 변화의 순간이 기록을 단축시킬 수 있는 기회라고 마라토너들은 말한다.

데드 포인트, 즉 절망과 고통의 시간이 지나면 리빙 포인트(living point) 즉 생명의 시간이 찾아온다는 것이다. 이 리빙 포인트를 잘 활용할 줄 아는 선수가 금메달을 목에 걸고 역사에 길이 남을 선수가 될 수 있는 것이다.

마라톤과 인생이 서로 닮은 점이 여기에 있다. 살다 보면 우리는 수많은 데드 포인트를 만나게 된다. 학교와 사회생활의 어려움을 이겨내지 못하고 중도에 포기해버리는 경우도 많다. 인생의 데드 포인트를 어떻게 슬기롭게 극복하느냐가 중요하다. 그러기 위해서는 자기 능력에 맞게 힘과 시간과 체력을 안배할 수 있어야 한다. 이 점을 늘 기억하면서 자신의 기록을 점진적으로 단축해나가야 한다. 실패한 사람은 인생 레이스에서 너무 욕심을 내다가 자신의 능력을 채 발휘하지 못하고 쓰러진다.

또한 목표를 세우고 열심히 인생을 달려가던 사람도 예상치 못한 장애물로 인해 진로를 바꾸지 않으면 안 될 위기에 처할 수 있다. 최선을 다했는데도 닫힌 문이 열리지 않으면 잃은 것에 너무 집착하지 말아야 한다. 헬렌 켈러는 "닫힌 문을 너무 오랫동안 쳐다보고 있으면 등 뒤에 열린 문을 보지 못한다"라고 말했다.

인생이라는 마라톤에서 자신만의 주법을 터득해야 한다. 그리고 자신만의 레이스로 머리에는 꿈을, 가슴에는 희망을 안고 달려라.

23

살고자 하는 의지보다
더 강한 것은 없다

2003년 미국 유타 주의 한 협곡. 산길을 따라 한 가족이 여행 중이었다.

"제니, 여기가 말발굽 협곡이란다. 계단이 연속적으로 이어진 것이 꼭 말발굽 같지 않니?"

"참 신기하고 놀랍네요."

"근데 무서운 협곡이기도 하지. 협곡의 가장자리는 지금도 50년마다 300밀리미터씩 깎여나가고 있단다. 옛사람들은 이곳을 '소를 잃어버릴 지옥 같은 곳'이라고 했지."

아빠의 말에 제니의 심장이 부르르 떨렸다.

"아빠, 관광가이드 놀이는 그만 좀 하세요. 으스스하단 말이에요."
"하하하. 가족과 함께 있는데 무슨 걱정이니."
그때 숲 속에서 인기척이 들렸다.
"아빠, 무슨 소리가 들리는 것 같지 않아요?"
그 순간 그들의 가족 앞에 피로 흥건한 사내가 나타났다.
"아악!"
제니가 소리를 지르자 사내가 넘어지며 소리쳤다.
"제발 가지 마세요! 도움이 필요합니다."
인정이 많은 엄마가 물었다.
"도대체 이게 무슨 일이세요? 숲 속에서 곰이라도 만났나요?"
바닥에 배를 깔고 누운 사내가 힘겹게 입을 열었다.
"제 이름은 아론 랠스톤입니다. 홀로 등산을 하고 있었는데 바위가 떨어져 팔이 끼는 사고를 당했습니다. 덕분에 닷새 동안 꼼짝없이 갇혀 있었습니다. 4시간 전에 내 손으로 팔을 잘라 탈출했습니다. 얼른 병원으로 가서 치료를 받아야 합니다."

아론은 유타 주에 위치한 블루 존 캐년을 등반하던 중 불의의 사고로 절벽 사이에 팔이 끼었다. 아론이 가진 것은 산악용 로프와 칼, 그리고 작은 물 한 병이 전부였다. 아론은 치열한 사투를 벌이며 자신의 지난 삶을 돌아보게 되고, 그 과정에서 친구, 연인, 가족 그리고 사고 전에 만난 사람들을 떠올렸다.

'이렇게 죽기는 싫어! 어떻게든 살아나가야 해.'

127시간 동안 버틴 그는 현실을 인정하고 받아들이기로 했다. 아론은 썩어가는 자신의 오른팔을 잘라내고 사고 현장을 빠져나와 한 가족에게 구조되었다. 삶에 대한 감동과 살아가는 용기를 전한 아론의 이야기는 이후 CNN을 통해 미국 전역과 세계에 보도되었다. 또한 수많은 신문과 잡지를 비롯해 TV, 라디오, 언론에서 150여 회 이상 소개되었다. NBC에서는 사고 당시 상황을 다큐멘터리로 제작하기도 했다.

아론은 자신이 겪었던 이야기를 책으로 썼고, 끊임없는 강의 요청을 받았다. 그가 강의에서 꼭 하는 말이 있다.

"제게 일어난 일은 내 인생의 축복입니다."

전 세계에 급속도로 퍼진 아론의 이야기는 대니 보일 감독에 의해 영화 〈127시간〉으로 만들어졌고, 전 세계인에게 눈물과 감동을 선사했다. 아론의 끈기와 결행은 쉽게 삶을 포기하려는 사람들에게 큰 감동과 용기를 선사했다.

"제 꿈은 이제부터 시작입니다."

아론에게는 사고 전, 콜로라도에 있는 4200미터가 넘는 59개의 산을 겨울에 단독 등반한다는 목표가 있었다. 오른팔을 자른 지금도 아론은 그 목표를 향해 오늘도 산을 오르고 있다.

만약 아론에게 59개의 산을 등반한다는 꿈과 목표가 없었다면 그의 운명은 어떻게 되었을까?

바위에 끼여 꼼짝달싹할 수 없는 자신을 상상해보라. 그 상황에서 자신의 팔을 스스로 잘라내기란 쉽지 않은 일이다. 꿈을 이루기 위한 열망과 집념은 인간의 능력과 상상을 초월한다.

한나라 유방의 부하 중에 한신이라는 장군이 있었다. 한신은 난공불락인 조나라의 성을 빼앗기 위해 강을 등지고 진지를 구축했다. 이는 병법^{兵法}에서 결코 해서는 안 되는 1순위 전술이다. 생각해보라. 적이 진지를 향해 공격해오는 순간을. 진지는 대부분 높은 산이나 후퇴할 수 있는 곳에 구축하기 마련이다. 후퇴하면 강에 빠져 죽을 운명에 처할 것이 뻔한 곳에 전략의 대가인 한신이 진지를 구축한 이유는 무엇일까?

한신이 이런 전술을 쓴 것은 막다른 골목에 몰린 상태에서 사생결단하는 정신 상태로 싸움에 임하겠다는 굳은 의지의 표명이었다. 그리고 또 한 가지 노림수가 있었다.

"우리 뒤에는 강물이 흐르고 있다. 나아가서 적들과 죽기 살기로 싸워 성을 빼앗든지 비겁하게 후퇴해 강물에 빠져 죽든지 그것은 너희들의 자유다."

어떤 일에 결사적인 각오로 임한다는 뜻을 지닌 배수진^{背水陣}이라는 용어가 여기에서 나왔다.

꿈을 이루기 위해서는 이런 배수진의 마음가짐이 필요하다.

<u>자신이 세운 꿈을 이루지 못하면 '오늘 죽어도 좋다'는 각오로 이를 악무는 악바리 근성이 있어야 한다. 이루고자 하는 꿈이 당신의 목숨과도 바꿀 만큼 소중하다면 말이다.</u>

바꾸어 말하면 당신이 세운 1순위 꿈이라면 목숨과 바꿀 수 있다는 생각을 할 정도로 가치 있고 중요해야 한다는 뜻이다.

24

꿈은 불행과 행복 사이에서 태어난 쌍둥이 형제이다

에스파냐 국왕이 길을 걷고 있는데 한 사람의 기이한 행동이 눈에 띄었다. 그는 국왕의 행차가 있는지도 모른 채 길가에 서서 책을 읽고 있었다. 호기심에 찬 국왕은 잠시 발걸음을 멈추고 그 사내를 유심히 지켜봤다.

"하하하!"

사내는 책을 읽으면서 배꼽이 빠져라 웃었다.

"흑흑흑."

그것도 잠시 사내는 눈물을 흘리기 시작했다. 잠시 후 국왕은 그 사내의 행동을 보고 주위에 이렇게 말했다.

"저건 미친 놈 아니면《돈키호테》를 읽는 놈이군."

세계 문학의 걸작 가운데 하나로 평가받고 있는《돈키호테》는 세르반테스가 57세였던 1605년에 발표한 소설이다. 원제는《재기발랄한 시골 향사, 라만차의 돈키호테》인데 이 소설의 주인공은 알론소 키하노라는 노인이다.

이 소설은 중세의 기사 모험담에 매료된 돈키호테와 산초 판자의 기이한 모험담을 담고 있다. 등장인물만 650여 명에 달하는 이 방대한 소설은 전작의 인기에 힘입어 2부까지 나왔다. 2부에서는 돈키호테와 산초 판자가 유명인사가 되어 곳곳에서 환대를 받는데 일부 평론가들은 1부보다 2부가 더 탁월하다고 주장한다.

세르반테스가 2부를 쓴 이유는《돈키호테》가 출간되자마자 큰 인기를 끌었기 때문이다. 그 인기에 편승한 가짜 속편이 유통되었기 때문에 그가 직접 나서 속편을 쓴 것이다. 하지만 진짜 이유는 따로 있었다. 20세기 최고의 문학평론가 해럴드 블룸이 "세르반테스의 삶은 온갖 사건과 불행으로 점철되어 있다"라고 쓴 것처럼 그의 인생은 불행 그 자체였다.

1547년 9월 29일, 에스파냐의 수도 마드리드 인근에서 태어난 세르반테스의 아버지는 귀족 출신 의사였다. 하지만 경제적으로 무능해 빚 때문에 전 재산을 차압당하고 투옥까지 되었다. 그의 가족은 어쩔 수 없이 다른 도시들을 전전하며 도망자가 되어야 했다. 군인이 된 그는 레판토 해전에서 가슴과 왼손에 총상을 입었고, 그 후유증으로 평생 왼손을 쓰지 못하게 되었다. 그때 얻은 별명이 '레판토의 외

팔이'였다.

불행은 여기서 끝나지 않았다. 5년 동안 더 군인으로 근무하다 퇴역을 결심하고 에스파냐로 가던 도중 해적선의 습격을 받았다. 그는 졸지에 해적의 포로가 되었다. 지금의 소말리아 해적처럼 납치 후 가족에게 몸값을 요구했지만, 가난한 가족에게 돈은 없었다. 결국 그는 탈출을 시도한다. 하지만 네 번이나 감행했던 탈출 시도는 모두 실패로 끝났다.

어렵사리 탈출에 성공한 세르반테스는 그 후 결혼도 하고 가난에서 벗어나기 위해 열심히 일을 했지만 돌아오는 것은 쥐꼬리만한 월급뿐이었다. 결국 그는 회사의 공금을 횡령하고 수차례 비리를 저질러서 감옥살이를 한다.

감옥에서 구상한 《돈키호테》로 큰 성공을 거두었지만 그에게 돌아온 돈은 없었다. 생활이 궁핍했던 세르반테스가 모든 판권을 출판업자에게 팔아버렸기 때문이다. 결국 세르반테스는 가난하고 쓸쓸하게 1616년 4월 23일, 69세로 세상을 떠나게 된다. 돈키호테는 자신의 작품에서 이렇게 말했다.

"운명은 항상 당신으로 하여금 보다 더 훌륭한 성공을 준비하고 있는 법이다. 그러므로 오늘 실패한 사람이 내일에 가서는 성공하는 법이다."

도스토예프스키는 "《돈키호테》보다 더 심오하고 힘 있는 작품을 만난 적이 없다'라고 극찬했고, 밀란 쿤델라는 "돈키호테보다 더 살아있는 캐릭터는 없다"라고 단언했다.

세계 문학사에 길이 남을 명작을 썼음에도 불구하고 쓸쓸하고 외로게 생을 마감한 세르반테스. 그는 이루지 못할 꿈을 꾸고, 처부수지 못할 적과 싸우고, 견디지 못할 슬픔을 견디어냈기에 결코 자신의 삶이 불행하다고 생각하지 않았다. 그는 "로마는 하루아침에 이루어지지 않았다. 우리에게 큰 문제는 바로 '조급함'이다"라는 유명한 말을 남김으로써 후세에게 커다란 문화적 유산을 물려주었다.

　꿀벌이 1파운드의 꿀을 채취하기 위해서는 5만 6천 송이의 꽃을 방문해야 한다. 세르반테스는 태어날 때부터 온갖 고초를 겪으며 불행한 인생을 살았지만 결코 서두르거나 좌절하지 않았다. 그는 500년이 넘는 세월 동안 꾸준히 사랑받는 작품을 쓴 작가이자 불행을 예술로 승화시킨 진정한 작가였다.

　《돈키호테》를 읽다 보면 이상주의자 돈키호테와 현실주의자 산초가 매번 대립하면서 갈등과 화합을 반복하는 모습을 엿볼 수 있다. 그들의 모습은 우리가 현실에서 꿈을 향해 도전하고, 벽에 부딪쳐 실패하고 좌절할 때마다 결코 포기하지 말라는 메시지를 담고 있다. 《돈키호테》에는 이런 의미심장한 문장이 나온다.

　"행운은 모든 사람에게 찾아오고, 불행은 그것을 구하는 사람에게만 온다. 행운이든 불행이든 늘 첫걸음부터 시작하는 법이다."

　꿈을 이루기 위해서는 몇 번의 좌절과 불행이 찾아와도 결코 흔들리거나 주저앉지 말아야 한다. 무모하지만 꿈을 향해 달려가는 돈키호테의 정신이 필요하다.

　나이가 들수록 세상이 결코 만만하거나 호락호락하지 않다는 것을 깨닫는다. 자신의 꿈을 이루려고 몇 번 실패하다 보면 현실과 대충 타협하면서 살고 싶은 욕망도 생긴다. 하지만 실패와 좌절을 애써 외면하기보다는 이 또한 꿈을 이루기 위한 한 과정으로 생각할 줄 아는 담담함이 있어야 한다.

다음에 소개할 두 사람은 일반인들이 상상할 수도 없는 불행을 겪으면서도 마침내 자신이 원하는 꿈을 이루었다.

미국의 제16대 대통령인 링컨은 어려서부터 많은 죽음을 접해야만 했다. 세 살 때 남동생이 죽었고, 아홉 살 때 어머니가 돌아가셨다. 얼마 지나지 않아 이모와 삼촌도 세상을 떠났다. 열여덟 살 때는 누나가 아이를 낳다가 사망했다. 불행은 그것으로 멈추지 않았다. 결혼 후 네 명의 자식을 낳았는데, 그중 세 명을 잃는 불행을 겪었다. 그 고통 때문에 링컨은 자살 기도를 할 정도로 평생 동안 심각한 우울증에 시달렸다. 그럼에도 링컨은 불행과 절망을 극복하고 51세 나이에 미국의 16대 대통령으로 당선되었다.

윈스턴 처칠의 삶도 알고 보면 불행의 연속이었다. 팔삭둥이로 태어나 몹시 병약했던 그는 짧은 혀 때문에 언어장애에 시달렸고, 성적도 꼴찌를 도맡아 '저능아', '열등아'로 불렸다. 그의 막내딸은 두 살 때 패혈증으로 죽고, 아들 랜돌프와 딸 사라는 평생을 알코올 중독자로 살았다. 또 다른 딸인 다이애나는 우울증에 시달리다 스스로 목숨을 끊었다. 하지만 처칠은 제2차 세계대전 때 "내가 바칠 것은 피와 땀과 눈물뿐이다"라며 국민을 독려하여 전쟁을 승리로 이끌었다.

삶 자체가 영국이었던 처칠은 BBC가 조사한 '위대한 영국인

100명' 가운데 아이작 뉴턴과 셰익스피어를 제치고 1위를 차지할 만큼 현재도 많은 존경을 받고 있다.

겉으로는 화려하고 훌륭한 이미지로 보이지만 실제로는 불행을 달고 산 링컨과 처칠. 그들의 삶은 꿈의 여정에서 불행이 얼마나 밀착되어 있는지 잘 보여준다. 인생의 장애물을 만났을 때 링컨과 처칠처럼 돌아서 가지 말고, 넘어가야 한다. 영국의 낭만파 시인인 바이런이 말한 "행복은 불행과 쌍둥이로 태어난다"라는 말을 잊지 마라.

꿈을 이루기 위해서는 반드시 실패와 좌절이라는 과정이 있어야 한다. 그 장애물을 거치지 않고 꿈을 이루거나 성공한 사람은 역사상 아무도 없다.

25

간절한 꿈이 있다면
두려움과 정면승부를 벌여라

'최후에 살아남는 자에게 100만 달러를 드립니다.'

미국 방송국 CBS에는 200만 명의 시청자를 거느린 인기 프로그램이 있다. 미국 내 10대 인기 프로 중에 하나이기도 한 리얼리티 쇼 〈서바이버〉가 그것이다. 이 프로그램의 '쿡 아일랜드' 편에는 한눈에도 아시아계로 보이는 청년이 등장한다. 그는 뉴질랜드 쿡 아일랜드에 옷 두 벌과 신발 한 켤레만 갖고 들어가 누가 오래 버티는지 겨루는 생존 게임의 본선에 출전한 20명 중 한 명이었다. 5명씩 4개 팀으로 나눠 시작된 〈서바이버〉는 출전자들이 살아남기 위해 닭과 구더기를 잡아 먹고 원시적 상황에서 성냥 같은 도구를 쓰지 않고 돌로 불 피우기, 바닷물 속 장애물 통과하기, 좁은 기둥 위에 올라가 버티기 등을 진행하며 참가자들이 하나둘씩 탈락한다.

며칠 후 드디어 최종 우승자가 가려졌다. 챔피언의 이름은 권율. 한인 2세였다. 권율은 우승 소감을 묻는 기자에게 말했다.

"무인도에서 40일 가까이 버티는 동안 주로 코코넛을 따서 먹었습니다. 지치고 힘들었습니다. 하지만 한인 젊은이들의 롤 모델이 되려고 이를 악물고 최선을 다한 것이 우승의 원동력이 됐습니다. 힘든 경제 여건 속에서 나와 동생을 키우느라 애쓰신 부모님께 효도하는 데 상금을 사용하겠습니다."

5만 대 1의 경쟁률을 뚫고 〈서바이버〉의 최종 우승자가 된 권율의 손에는 100만 달러의 상금이 쥐어졌다. 아시아인 최초의 우승자라는 명예로운 타이틀도 획득했다. 체력과 담력, 두뇌 회전에 사교력까지 테스트하기 때문에 갖고 있는 모든 역량을 총동원해야 본선에 진출할 수 있는 서바이벌 게임에서 권율이 최종 우승자가 될 수 있었던 비결은 무엇일까?

권율은 명문대학인 스탠포드 대학을 졸업하고, 예일대 로스쿨을 나와 변호사 자격증을 땄다. 맥킨지와 구글과 같이 젊은이라면 누구나 일하고 싶은 곳에서 근무한 경력도 있다. 〈서바이버〉 우승자라는 경력으로 오바마의 대선 캠프에 참가하여 그의 당선을 도왔으며 오바마 정부 출범 이후에는 연방통신위원회[FCC] 소비자보호국의 부국장으로 활동하기도 했다. 또한 미국 공영방송의 진행자로 활동했다. 하지만 화려한 성공가도를 달려온 권율의 이면에는 자살까지 생각했을 정도의 강박증과 공포증에 시달렸던 어린 시절이 있었다.

"헤이, 아시아 꼬마. 오늘도 냄새 나는 고약한 음식을 싸온 거야."

권율에게 한 아이가 시비를 걸었다. 권율의 어머니는 한국 사람이었기 때문에 점심으로 주로 김밥과 김치를 싸주었다. 아이들은 틈나는 대로 권율을 놀려댔다. 게다가 혀 짧은 소리까지 냈던 탓에 아이들은 그의 말을 잘 이해하지 못했다. 권율은 조롱당하거나 괴로힘을 당하고 싶지 않았기 때문에 말하는 것 자체를 두려워하게 되었다.

어느 날 화장실을 간 권율 앞으로 아이들이 모여들었다.

"더러운 원숭이 새끼가 어디서 일을 보려고 해!"

"아시안 놈들에게는 고약한 냄새가 난다니깐."

"자, 어디 맛 좀 봐라!"

아이들은 권율을 변기에 꿇어 앉혀놓고 오줌 세례를 퍼부었다.

"하하하. 오줌 맛이 어떠냐!"

곧이어 아이들은 주먹으로 그의 얼굴과 몸을 때리기 시작했다. 그날부터 권율은 공중화장실에도 갈 수 없게 되었다. 공중화장실을 쓰지 못했기 때문에 영화를 보거나 파티, 스포츠 행사나 쇼핑몰 같은 곳에는 가지도 못했다.

권율은 수년간 정상적인 삶을 살 수 없었다. 많은 심리적 장애로 고통을 받았기 때문이다. 권율은 점점 더 고립되고 우울해지면서 멋진 미래를 생각할 수 없었다.

'이럴 바에는 차라리 죽는 게 나아.'

권율은 자살을 상상했다. 하지만 죽는 것도 쉬운 일은 아니었다. 권율은 다른 사람들이 자신의 상황을 이해해주지 못하고 비난할까 두려워 누구에게도 도움을 청하지 못한 채 혼자만의 시간을 보내야 했다. 그러던 어느 날 집으로 한 통의 전화가 걸려왔다.

"어서 병원으로 오라고 전해다오."

충격이었다. 전화기를 든 권율의 손이 부들부들 떨렸다. 전화를 걸어온 것은 권율의 형과 친한 친구의 어머니였다. 형과 둘도 없이 친한 사이였던 형 친구는 권율과 마찬가지로 학교에서 심한 인종차별을 당했다. 성격도 자신과 비슷했다. 그 형은 아이들의 폭언과 구타를 참지 못해 이사를 갔는데 그곳에서도 똑같은 일을 당했다. 도저히 참을 수 없었던 형은 공포와 우울증으로 고생하다 서둘러 스스로 인생을 마감한 것이다. 그때 권율은 정신이 번쩍 들었다.

'그 형처럼 아무것도 못한 채 이렇게 살 것인가, 아니면 두려움에 맞서 다른 사람에게 다가가며 내 자신을 바꾸려 할 것인가? 지금, 내가 변화하는 것만이 유일한 길이야.'

이런 깨달음이 들자 긴 고통의 시간을 벗어날 수 있었다. 그리고 이러한 변화를 원동력으로 끊임없는 도전에 나설 수 있었다.

도전이란 안전지대로부터 벗어나 자신이 두려워하던 것을 하는 것을 의미했다. 그리고 도전한다는 건 실패할 수도 있다는 의미이다.

하지만 권율은 두려움을 떨쳐버리기 위해 끊임없이 도전했다. 그리고 마침내 명문대학을 졸업하고 세계 최고의 기업에 합격하고 정치와 방송 생활도 할 수 있게 되었다. 공황장애로 고통받던 유약한 아이에서 자신과 닮고 싶은 아이들에게 수많은 메일과 상담을 받는 롤 모델이 된 것이다.

"무서웠기 때문에 해낸 거다. 무서움이 있으면 해야 된다는 생각을 한다. 도망치면 공포와 두려움이 나를 통제할 것만 같기 때문이다. 이 모든 두려움을 직시하기 때문에 더욱 과감히 도전할 수 있었다."

권율은 무서움과 두려움이 자신을 강하게 만들었다고 했다. 두렵고 무서웠기 때문에 그곳에서 벗어나기 위해 혼신의 힘을 다한 것이다. 만약 권율이 두려움 속에서 빠져나오지 못했다면 어떤 결과가 있었을까?

미국의 철학자이자 《월든》의 작가인 헨리 데이비드 소로는 "우리가 이 세상에서 만나는 대부분의 장애물은 아주 약한 사람조차 넘을 수 있는 것이다"라고 했다. 유니세프 친선대사인 구로야나기 데츠코의 《창가의 토토》에도 가슴에 새길만한 문장이 나온다.

"어쩌면 세상에서 진실로 두려워해야 하는 것은 눈이 있어도 아름다운 걸 볼 줄 모르고, 귀가 있어도 음악을 듣지 않고, 또 마음이 있어도 참된 것을 이해하지 못하고 감동하지도 못하며 더구나 가슴속의 열정을 불사르지 못하는 그런 사람이 아닐까?"

혹시 어떤 일을 하려고 할 때 쉽사리 결정하지 못하고 망설인 적이 없는가? 이런 내면에는 '지금 가지고 있는 것을 잃지는 않을까' 하는 두려움이 자리 잡고 있기 때문이다.

과학계에서는 '선제 지각'preemptive perception이라는 감각이 발달하면 두려움 대신 성공에 꼭 필요한 '믿음'을 가질 수 있다고 한다. 선제 지각은 '판단 이전의 판단'으로 뇌가 무의식적으로 작용하는 것이다. 150킬로미터가 넘는 공을 무의식적으로 쳐서 담장을 넘기는 홈런 타자들은 수많은 배팅 연습을 한다. 결국 선제 지각을 키우기 위해서는 해당 분야의 지식을 꾸준히 쌓고 끊임없이 연습해야 한다.

무엇보다 두려움과 공포는 전염성이 강하다. 제2차 세계대전 때 전쟁을 하다 죽은 사람보다 고향에 남아 군인들을 애타게 기다리던 가족들의 사망률이 더 높았다는 것은 무엇을 의미하는가? 마음속에서 두려움을 내치지 못하고 키우다 보면 눈덩이처럼 커져 주체하지 못할 정도가 된다. 이런 비극을 막기 위해서는 스스로 두려움을 떨치는 훈련을 해야 한다. 위에서 말한 선제 지각 능력을 키우는 것도 좋은 방법이다.

미국에서 가장 존경받는 리더 중에 한 명인 프랭클린 루스벨트. 그는 1933년 제32대 대통령에 취임했다. 당시는 미국 대공황이 몇 년째 계속되던 해였다. 300여만 명이 일자리를 잃어버리고, 수천 개의 은행, 수만 개의 기업이 도산했을 정도로 처참한 시대였다. 루스벨트는 당시의 미국 국민이 불투명한 미래와 두려움에 휩싸였다고 생각했다. 그는 취임사에서 다음과 같은 연설을 했다.

"지금 우리가 가장 두려워해야 할 것은 바로 두려움 그 자체입니다. 막연하고 이유도 없고 정당하지도 않은 두려움이야말로 후퇴를 전진으로 바꾸기 위한 노력을 마비시키는 것입니다. 실체 없는 두려움에 떨지 말고 일터로 돌아가 국력을 모아주십시오."

미국사에 있어 명연설로 기록된 이 취임사를 들은 국민들은 루스벨트의 진정성에 박수를 보냈다. 이에 보답이라도 하듯이 루스벨트는 매사에 솔선수범하며 강력한 리더십으로 위기에서 벗어나기 위해 최선을 다했다. 그 결과 취임 직후부터 100일 동안 수많은 개혁 법안을 통과시켜 이른바 '뉴딜New Deal 정책'을 밀어붙였다. 이런 과감한 개혁 정책은 성공을 거두었고 국민 생활은 점차 안정되어갔다.

미국의 제26대 대통령이자 노벨 평화상 수상자인 시어도어 루스벨트 또한 두려움을 이겨내고 미국 역사상 가장 위대한 리더가 되었다. 루스벨트는 원래 자기비하가 심한데다 소심하고 신경질적인 사람이었다. 늑대나 말, 군인만 보면 무서워서 도망다녔고, 선생님이 책을 읽어보라고 지적할 때도 벌벌 떨면서 얼버무리곤 했다.

그토록 소심하고 겁이 많던 루스벨트가 이를 극복하게 된 것은 우연히 읽게 된 책 한 구절 때문이었다. 그것은 영국 군함의 함장이 주인공에게 두려움을 극복하는 방법에 대해 언급한 구절이었다.

"사람은 두려워도 전혀 두렵지 않은 것처럼 가장할 수 있으며, 시간이 지나면 가장하던 것이 어느새 진실한 모습으로 바뀌게 된다."

함장의 말에 공감한 루스벨트는 곧장 그것을 실천으로 옮겼다. 평소에도 두렵지 않은 것처럼 행동하기 시작했다. 그러자 놀랍게도 서서히 두려움을 통제할 수 있게 되었다. 소심하고 겁이 많던 루스벨트가 강인하고 대담한 인물로 탈바꿈한 것이다. 루스벨트는 선천적인 성격적 결함을 극복하고 육체와 마음을 강하게 단련시켰을 뿐만 아니라 미국 역사상 최대의 성과를 낸 대통령으로 평가받게 되었다.

전 세계적인 스타 경영 컨설턴트인 보도 섀퍼의 책《열두 살에 부자가 된 키라》에는 이런 대목이 나온다.

"두려움이란 뭔가 이루어지지 않을 것이라고 상상하는 데서 생겨나는 거야. 모든 게 제대로 되지 않을 것이라는 생각을 거듭할수록 더 많은 두려움이 생겨나. 긍정적인 목표를 생각하는 동안에는 어떤 두려움도 생기지 않는 법이지. 용기 있는 사람이란 두려움이 없는 사람이 아니고 두려움을 극복해가는 사람이야."

사람이 살면서 선택을 하게 될 때 망설이는 가장 큰 이유가 바로 이런 두려움 때문이다. 하지만 실패가 두려워 시작조차 하지 않는다면 그것만큼 어리석은 행동이 있을까? 실패를 하지 않고선 내가 원하는 것을 얻을 수 없다.

꿈을 이루지 못하게 만드는 것은 오직 하나, 실패할지도 모른다는 두려움이다. 바꾸어 말하면 꿈을 이루게 하는 것은 오직 하나, 실패에 대한 두려움을 자신의 마음속에서 하나씩 지워나가는 것이다.

26
성공은 가장 많이 인내하는 자에게 주어지는 선물이다

중국 북송 때 장괴애라는 관리가 있었다. 하루는 관아를 순찰하고 있는데 한 관원이 황급히 뛰어가는 것을 보았다. 수상히 여긴 장괴애가 관원을 붙잡아 조사해보니 상투 속에서 엽전 한 냥이 나왔다. 그 엽전은 창고에서 훔친 것이었다. 장괴애가 관원에게 판결을 내리려고 하자 관원이 억울하다는 듯이 소리쳤다.

"나리, 그깟 엽전 한 냥을 훔친 게 무슨 큰 죄입니까?"

그러자 장괴애가 말했다.

"네 이놈! 아직도 네 놈이 저지른 죄가 중한 줄을 모르는구나. 일일일전이면 천일천전 一日一錢 千日千錢이고, 승거목단 수적천석 繩鋸木斷 水滴穿石

이니라."

장괴애는 그 관원을 자신의 손으로 직접 베어버렸다. 여기에서 수적천석이라는 말이 유래되었다. 이 말은 '물방울이 모여 돌을 뚫는다'는 뜻으로 잘못된 행실이 모이면 큰 재앙을 부를 수 있다는 것이다. 우리나라 속담의 '바늘 도둑이 소도둑 된다'와 비슷한 의미로 사용된 것이다. 그래서 장괴애는 그 싹을 미리 잘라버려 관아의 기강을 바로잡으려고 한 것이다.

하지만 장괴애의 수적천석은 현대에 와서 전혀 다른 의미로 사용되고 있다. 현대나 삼성 같은 대기업이 이 수적천석을 경영 모토로 삼거나 유수한 기관이나 단체의 슬로건으로 삼기도 한다. 즉 수적천석은 '작은 노력이라도 끊임없이 계속하면 마침내 큰일을 이룰 수 있다'는 의미로 재해석되고 있는 것이다. 그래서 오늘날 수적천석은 우공이산愚公移山과 같은 의미로 쓰인다.

아흔 살 먹은 우공이 가족들에게 지름길을 내주기 위해 1년 동안 매일 같이 지게를 지고 산을 옮겼다는 것에서 유래된 우공이산. 그래서 네이버나 다음 같은 포털 사이트에 '수적천석'을 입력하면 연관검색으로 우공이산, 마부작침磨斧作針, 도끼를 갈아 바늘을 만든다이 뜨는 것도 그런 이유 때문이다.

우공이산의 이야기 주인공은 전해오는 이름이 없다. 그래서 어리석을 '우'愚와 귀인 '공'公를 사용해 우공이라는 이름으로 불렸다. 당시 사람들의 눈에는 그 노인의 행동이 어리석었지만 우직하고 위대하다고 생각했던 것 같다. 그런 우공이산 같은 일이 실제로 프랑스에서 일어났다.

주인공의 이름은 페르디낭 슈발Ferdinand Cheval로 직업은 오트리트 마을의 우편 배달부였다. 늘 같은 장소를 돌아다녀 이젠 눈 감고도 집을 찾을 수 있었던 슈발은 매일 30킬로미터 이상을 걸어 다녔다. 하지만 힘들거나 고되지 않았다.

당시 파리에서 만국박람회가 열렸는데 이를 기념하는 신기한 엽서 보는 재미가 있었기 때문이다. 엽서에는 아름답고 신기한 풍경과 건물이 많았다. 한 번도 고향 마을을 벗어난 적이 없었던 슈발의 눈에 유럽을 비롯한 아시아, 아프리카, 중남미의 풍경과 건물들은 가슴을 설레게 했다.

'세상은 넓고 아름답구나.'

그날부터 슈발은 마음속에서 자신만의 성을 쌓는 상상을 했다. 르네상스풍의 외관에 신전을 인도풍으로 하고, 분수대는 남미의 건축 방식으로 쌓아올렸다. 정원도 색다르게 재배치했다. 동남아시아의 야자수나 종려나무 같은 식물을 심어, 아프리카에서만 서식하는 희귀한 새들과 동물들을 풀어놓았다. 그러자 어디에는 없는 멋진 성과 정원이 탄생했다. 오직 그만이 볼 수 있는 상상의 영토에 지어진, 이 세상 하나뿐인 건축물이었다.

'언제가는 이런 멋진 건축물을 내 손으로 만들 거야.'

슈발은 일을 마치면 집으로 돌아와 엽서에 있는 그림을 옮겨 그리고 자신의 생각을 글로 적기도 했다. 그렇게 우편 배달을 시작한 지 13년이 되던 어느 날이었다.

"어이쿠!"

우편 배달을 하기 위해 길을 걷던 슈발이 돌부리에 발이 걸려 넘어졌다. 슈발은 힘겹게 일어나 자신을 넘어뜨린 돌을 쳐다보았다.

"범인은 네 놈이구나! 네 놈이 나를 넘어뜨렸구나!"

슈발은 웃으며 돌을 내려다보았다. 돌은 아무런 말이 없었다. 그때 무언가에 홀린 듯이 슈발이 손으로 흙을 파내 돌을 빼냈다. 그리고 돌을 들고 일어나 주위를 둘러보았다. 슈발 앞에 놀라운 광경이 펼쳐졌다. 자신이 손에 들고 있는 돌보다 많은 정원석이 지천에 널려 있었다. 동시에 그의 머릿속에 꿈틀거리고 있던 상상의 성과 정원이 선명하게 눈앞에 펼쳐졌다.

그때 슈발의 나이는 마흔셋.

'그래, 상상만 하지 말고 일단 한 번 해보는 거야.'

그날부터 우편 배달을 마치고 돌아오는 슈발의 가방에는 돌이 가득 찼다. 밤에는 수레를 끌고 커다란 돌을 실어왔으며, 신기하게 생긴 돌이라면 마을 밖까지 나가 가지고 왔다. 어느새 그의 집 마당에는 돌로 가득 찼다. 동네 사람들은 미쳤다고 웅성거렸지만 슈발은 개의치 않았다.

'자, 이제부터 내가 상상했던 성을 쌓는 거야.'

슈발은 우편 배달을 마치면 등잔불을 켜놓고 자신만의 궁전을 만들기 시작했다. 하루에 두 시간만 자는 강행군이었다. 하지만 건축에 대해 문외한이었던 슈발이 상상 속 궁전을 만드는 일은 생각보다 쉽지 않았다. 좀처럼 진도가 나가지 않았다. 그럴 때마다 슈발은 마음속으로 생각했다.

'나는 10년 동안 내 꿈속에서 성과 궁전을 지었어. 나는 오직 나만의 건축물에 새로운 생명을 불어넣고 싶어. 하지만 꿈과 현실과의 격차는 너무 심해. 나는 건축의 원리에 대해 완전히 무지할 뿐만 아니라 미장이의 흙손조차 써본 일이 없잖아. 내 꿈을 이루기 위해서는 더 많은 공부를 해야 돼.'

그렇게 수십 년이 지나고 예순이 되던 어느 날, 슈발은 우편 배달 일을 그만두었다. 연금으로 나오는 돈의 대부분은 시멘트와 석회를 사는 데 사용했다. 슈발은 아침부터 밤까지 혼자서 열심히 성을 쌓았다. 정원의 폭포를 만드는 데만 2년이 걸렸고, 성 입구에 동굴과 거인상을 만드는 데 5년이 걸렸다.

첫 돌을 주워 쌓기 시작한 지 33년째 되던 해, 마침내 상상의 궁전이 완성되었다. 슈발의 나이 일흔여섯이었다. 성의 길이는 총 26미터나 되었고, 폭은 14미터, 높이는 10미터에 이르렀다. 단 한 사람의 손으로 지은 성이라고는 믿기 어려웠다. 게다가 이렇게 아름다운 성은 세상 어디에도 없었다.

"나는 찾으려 했다. 나는 찾아냈다. 40년. 나는 곡괭이질을 했다. 땅으로부터 이 요정의 궁전이 솟아나게 하기 위하여. 내 몸은 모든 것에 용감히 맞섰다. 시간, 비판 그리고 지나간 세월에."

하지만 성을 쌓는 동안 슈발은 하나뿐인 아들과 아내를 잃는 슬픔을 겪기도 했다. 슈발은 자신이 지은 궁궐의 벽에 다음과 같은 글귀를 적었다.

"나는 농부의 자식으로 태어나 농부로 살아왔다. 나와 같은 계층의 사람들 중에도 천재성을 가진 사람, 힘찬 정열을 가진 사람이 있다는 것을 증명하기 위해 나는 살고 또 죽겠노라."

많은 사람이 그의 업적에 놀라워했고 박수를 보냈다. 그리고 "나는 '불가능'이란 존재하지 않거나 존재해서는 안 된다고 했던 나폴레옹을 떠올렸다. 그가 옳다"라고 말했다.

슈발이 33년 동안 쌓은 성은 프랑스 리용에서 40마일 떨어진 오뜨 리브에 있다. 성의 공식 명칭은 빨레 이데알Palais Ideal, 이름 그대로 꿈의 궁전이다.

슈발의 '꿈의 궁전'은 1969년 프랑스의 문화재로 지정되었다. 당시 이를 지정했던 문화부 장관은 《인간의 조건》이라는 유명한 소설 작품을 남겼으며 "오랫동안 꿈을 그리는 사람은 마침내 그 꿈을 닮아간다"라는 명언을 남긴 앙드레 말로였다.

'꿈의 궁전'의 주인은 당연히 페리디낭 슈발이다. 슈발은 여든여덟 살에 숨을 거두었지만 그가 33년간 하나씩 쌓아올린 꿈을 보러 오기 위해 지금도 수많은 관광객이 찾아온다.

페르디낭 슈발이야말로 수적천석과 우공이산의 살아 있는 표본이다. 슈발은 무려 33년 동안 자신의 꿈을 이루기 위해 인내하고 또 인내했다.

인내란 참고 견디는 것을 말하지만 아무것에나 무조건 꾹꾹 참고 견디라는 뜻은 아니다. 자신의 꿈을 이루기 위한 인내란 원하는 목표가 이루어질 때까지 포기하지 않고 참고

기다리는 것을 말한다.

요즘 우리는 인내에 인색하다. 인터넷과 스마트 폰 때문인지 참고 기다리는 것을 힘들어한다. 인터넷 속도가 조금이라도 느려지면 짜증을 내고, 핸드폰도 신형이 나오면 바로바로 바꾼다. 그런데 자신의 꿈을 이룬다는 것은 인터넷에서 클릭 한 번 하는 것처럼 뚝딱 이루어지는 것이 아니다. 꾸준히 준비하고 노력해야 마침내 이룰 수 있는 것이 꿈이다.

꿈을 이루는 데 보통 몇 년 정도를 준비해야 하는지 신경과학자인 다니엘 레비틴을 비롯한 수많은 학자가 연구를 했다. 그랬더니 한 분야에서 최소한 10년 정도는 준비하고 공부해야 비로소 꿈을 이룰 수 있다는 결론이 나왔다. 세계적으로 유명한 저술가인 말콤 글래드웰은 이 같은 현상을 자신의 저서 《아웃라이어》에서 '1만 시간의 법칙'으로 설명했다.

"작곡가, 야구선수, 소설가, 스케이트선수, 피아니스트, 체스선수, 숙달된 범죄자, 그밖에 어떤 분야에서든 연구를 거듭하면 할수록 이 수치를 확인할 수 있다. 1만 시간은 대략 하루 세 시간, 일주일에 스무 시간씩 10년간 연습한 것과 같다. 물론 이 수치는 '왜 어떤 사람은 연습을 통해 남보다 더 많은 것을 얻어내는가'에 대해서는 아무것도 설명해주지 못한다. 그러나 어느 분야에서든 이보다 적은 시간을 연습해 세계 수준의 전문가가 탄생한 경우를 발견하지는 못했다. 어쩌면 두뇌는 진정한 숙련자의 경지에 접어들기까지 그 정도의 시간을 요구하는지도 모른다."

넬슨 만델라는 정적에 의해 종신형을 선고받고 27년이나 감옥에서 생활했다. 하지만 그는 꿈과 용기를 잃지 않았다. 그 결과 남아공 최초의 흑인 대통령이 되었고 노벨 평화상을 수상하기도 했다. 한국 최초의 노벨 평화상 수상자인 김대중 전 대통령도 고문과 납치, 사형선고 등 모진 고초를 당한 끝에 대통령에 당선되었다. 그의 별명이 '혹독한 겨울을 이겨낸다'라는 뜻을 지닌 인동초(忍冬草)라는 사실은 인내가 자신의 꿈을 이루는 데 얼마나 중요한 요소인지를 말해주는 대목이다.

또 다른 노벨 평화상 수상자인 슈바이처 박사는 전기도 들어오지 않는 아프리카 원시 밀림에 병원을 지었다. 혼자 힘으로 병원을 지으며 수많은 실패를 했다. 하지만 그는 포기하지 않았다. 슈바이처는 "올바른 것을 찾기 전에 한참을 기다려야 할지라도, 설사 몇 번의 시도를 해야 할지라도 용기만은 잃지 마라. 실망을 받아들일 준비는 하되, 원하는 것을 포기하지는 마라"는 말을 남겼다.

지금도 프랑스가 최고의 영웅으로 받들고 있는 나폴레옹은 원래 식민지 출신의 가난한 청년이었다. 하지만 나폴레옹은 수많은 난관과 인내 끝에 프랑스의 황제가 되었고, 유럽과 아프리카를 제패했다. 나폴레옹은 "최후의 승리는 인내하는 사람에게 돌아간다. 인내하는 데서 운명이 좌우되고 성공이 따르게 된다. 승리는 가장 많이 인내하는 자에게 주어지는 선물이다"라는 말을 남기며 인내의 중요성을 강조했다.

비록 지금은 작고 초라한 꿈일지라도 언젠가는 꼭 이루어진다는 믿음을 가져야 한다. 점이 모이면 선이 되고, 선이 모이면 면이 된다. 작은 점 하나가 모여 선을 이루듯이 인생도 마찬가지이다.

여러분은 이루고 싶은 꿈을 위해 최소한 10년을 인내하고 노력할 수 있는가? 그런 마음이 없다면 꿈을 이룬다는 것은 하늘에 별따기처럼 불가능한 일이 될 것이다.

27
새우잠을 자더라도 고래 꿈을 꿔라

 "내 꿈은 미국에서 가장 큰 호텔의 주인이 되는 것이다. 내가 호텔을 경영하리라고 믿는 사람은 나 자신뿐이다. 하지만 나는 반드시 내 꿈을 이룰 것이다."

 오늘도 콘래드 힐튼은 아침에 일어나 자신에게 이렇게 말했다. 1887년 뉴멕시코 주 샌안토니오에서 태어난 콘래드 힐튼은 노르웨이계 독일인 이민자의 아들이었다. 어렸을 때부터 가난하게 자라 온갖 일을 해야 했던 힐튼은 고향을 떠나 일자리가 많은 텍사스로 왔다. 그의 첫 직업은 호텔 청소부. 그는 호텔에서 숙식을 해결하며 커다란 꿈을 가슴에 품고 있었다.

평소 그와 친한 동료가 말했다.

"이보게, 힐튼. 자신을 돌아보게. 지금 자네는 호텔 청소부야. 꿈이 큰 것은 좋지만 현실적으로 생각할 수도 있어야지."

"하지만 내 꿈은 반드시 이루어질 거야. 내 꿈이 이루어지면 자네를 지배인으로 임명하겠네."

"하하하. 농담이라도 기분은 좋네. 하지만 세상은 그리 호락호락하지 않다네."

손님이 떠난 객실을 청소하며 보내길 몇 해. 힐튼은 그동안 모은 돈을 투자해 노인이 운영하던 모블리 호텔을 인수했다. 그 호텔은 객실과 식당을 갖추고 있었지만 객실이 부족해 손님을 받는데 한계가 있었다. 이때 힐튼은 과감한 결정을 내렸다.

"호텔은 밥 먹는 곳이 아니라 잠 자는 곳입니다. 밥은 유명 레스토랑에 가면 얼마든지 있습니다. 우리의 임무는 손님들에게 좀더 안락한 잠자리를 제공하는 것입니다."

대대적인 리모델링이 시작되었다. 식당을 없애고 객실을 더 늘렸으며 선물 가게를 설치했다. 호텔이 숙박 위주로 변하자 많은 손님이 모여들기 시작했다. 호텔의 수익은 점점 좋아졌다.

"이제부터 이 호텔의 이름을 힐튼이라고 부르겠습니다."

콘래드 힐튼은 자신의 이름을 호텔 이름으로 사용했다. 그건 자신감의 표현이자 어떤 어려움과 난관이 있어도 책임감을 다하겠다는 의지의 표명이었다. 10년 후 힐튼 호텔은 7개의 체인을 가진 텍사스주 최초의 호텔 체인으로 우뚝 서게 되었다. 그리고 2010년 현재 힐튼 호텔은 76개국에 540개가 넘는 호텔 지점을 두고 있는 세계적인 호텔 체인으로 명성을 이어나가고 있다.

호텔 청소부에서 시작해 미국 최고의 호텔을 세우겠다는 그의 꿈은 미국을 넘어 전 세계로 뻗어 나갔다. 만약 힐튼이 열심히 일을 해서 호텔 청소부의 매니저나 호텔의 지배인이 되겠다는 꿈을 꾸었다면 어떻게 되었을까?

옛말에 호랑이를 그리려 노력하면 고양이라도 그리지만 고양이를 그리려면 아무것도 못 그린다는 말이 있다. 꿈은 힐튼처럼 크게 그려야 한다. 큰 꿈이 있어야 가는 길도 멀리 갈 수 있다.

꿈과 성공은 함수관계이다. 당신이 꾸는 꿈의 크기에 정비례하여 당신의 성공의 크기 또한 결정된다. 따라서 큰 꿈을 꾸어야 한다. 그래야만 원하는 목표에 버금가는 성과를 이룰 수 있다.

꿈꾸는 데는 수고도 돈도 필요치 않다. 단지 마음속에 당신이 갖고 있는 무한한 잠재능력만 일깨워 꿈과 잘 조화를 이루어 나가도록 만들면 된다. 물론 과욕에 사로잡혀서 너무 허황된 꿈을 꾸어서는 안 된다.

콘래드 힐튼은 한 강연회에서 이렇게 말했다.

"성공의 크기는 꿈의 크기에 비례한다. 꿈을 크게 가져라. 그러면 언젠가는 그 꿈을 이룰 수 있는 능력 또한 갖게 된다."

꿈은 가능한 크게 가져야 한다. 남들이 보기에 허황되고 비현실적이더라도 작은 꿈을 가슴에 품지 마라. 큰 꿈도 세파에 시달리다 보면 작아지고, 작아진 꿈은 어느새 당신의 손에서 스르르 빠져 나가게 된다.

원대한 꿈은 행동도 실천도 크게 만든다. 그러나 소박한 꿈은 그 꿈의 크기만큼이나 사고도 행동도 소박하게 만들고 만다. 우리 인간은 능력이 무한대임에도 불구하고 스스로 그 꿈을 제한 또는 축소시키려고 노력하는 경향이 있다. 이렇게 자기의 꿈을 자꾸만 축소시켜 나가게 되면 결국은 자기의 마음도 스스로 위축되어 소인이 되어버리기 십상이다.

일본에는 코이라는 이름의 잉어가 있다. 코이는 작은 어항에 넣어두면 5센티미터밖에 자라지 않지만 연못에 넣어두면 10센티미터까지 자라고, 커다란 강에 풀어 놓으면 20센티미터까지도 자란다. 꿈도 마찬가지이다. 큰 꿈을 이루기 위해서는 먼저 생각과 환경을 자신에게 유리하게 만드는 지혜가 필요하다. 비가 새는 지하방에서 새우잠을 잔다고 해도 꿈은 대양을 헤엄쳐 나가는 고래처럼 원대하고 커야 한다. 그리고 이런 생각을 가슴에 품어야 한다.

'나는 앞으로 고래가 되어 대양을 헤엄칠 사람이다. 고래는 좁은 어항 속에서 살 수 없다.'

큰 꿈을 이루는 데는 하나의 법칙이 있다. 그건 높은 산을 오르는 등산의 법칙과 유사하다. 낮은 산부터 시작해 차근차근 오른 다음 높은 산을 올라야 한다. 여기에는 철저한 준비와 부단한 노력이 있어야 한다. 처음부터 높은 산을 오르려면 힘도 부치고 끈기도 부족해진다. 목표의식이 흐릿해져 실패할 확률이 높다. 누구보다 큰 꿈을 소유한 사람은 하나하나 단계별로 큰 산을 정복해야 한다. 이게 큰 산을 정복하는 법칙이다.

일본 최고의 갑부인 손정의 또한 출발부터 큰 꿈을 가진 사람이었다. 직원이 3명밖에 없던 시절에 "우리 회사는 앞으로 일본을 대표하는 IT 기업이 될 것이다"라고 선언했다. 이 말을 들은 직원들은 어이가 없어 모두 회사를 떠났지만 그는 자신의 꿈을 멈추지 않았다. 그 결과 손정의의 회사는 일본뿐만 아니라 세계를 대표하는 그룹으로 성장했다. 그는 이렇게 말했다.

"한 번뿐인 인생을 위해 정열과 꿈을 가져라. 자신만의 큰 영웅을 만들고, 도전할 산을 정해라. 그 뒤엔 고민하지 말고 도전하라. 이 산과 저 산 사이를 저울질하는 건 그냥 배회하는 것일 뿐이다. 꿈을 크게 가져라. 인생은 딱 한 번뿐이다."

콘래드 힐튼이나 손정의처럼 어떤 꿈을 선택하느냐에 따라 성공의 크기도 자란다. 작은 꿈은 작은 어항에서 사는 물고기와 같다. 작은 어항에서는 거기에 맞춰 물고기도 작게 자란다. 어항보다 크게 자라는 물고기는 없음을 명심하라.

에필로그

누군가의 꿈이 될 당신, 당신의 꿈을 응원합니다

'드림 에이지'Dream age라는 용어가 있다. 꿈을 꾸기 시작한 나이부터 현재 시점까지를 말한다. 가령 당신이 열일곱 살에 우주과학자를 꿈꾸었고 지금 나이가 서른일곱 살이라면 당신의 드림 에이지는 스무 살이 된다. 나무가 일 년마다 나이테를 그리듯이 당신의 꿈도 그렇게 무럭무럭 나이를 먹고 있는 것이다.

당신의 드림 에이지는 몇 살인가? 당신의 꿈은 무엇인가? 그 꿈을 이루었는가? 아니면 지금도 그 꿈을 향해 달려가고 있는가? 그도 아니면 아예 꿈을 잊어버렸는가?

윤태호의 만화 《미생》에 이런 장면이 나온다. 인턴 사원 장그래가 잦은 실수와 능력 부족을 탓하며 회사를 그만두려고 마음먹는다. 그때 우연히 어머니가 동네 사람들에게 자신을 칭찬하는 이야기를 엿듣게 된다. 정식 직원이 아닌 인턴일 뿐인데 어머니는 아들의 성실함과 능력에 대해 침이 마르도록 자랑한다. 자신의 아들이 마치 그 회사에서 없어서는 안 될 사람처럼 이야기하자 동네 사람들은 팔불출이라고 핀잔을 준다. 하지만 어머니의 칭찬 퍼레이드는 계속된다. 이 말을 듣던 장그래는 눈물을 흘리며 집으로 돌아와 사직서를 찢어버린다. 그리고 마음속으로 생각한다.

'나는 누군가의 희망이고 자랑이고 꿈이구나.'

그 후 장그래는 회사에서 점점 성과를 올리고 능력을 인정받는다.

꿈을 꾸기는 쉽지만 꿈을 이루기는 어렵다. 꿈에 대한 열망과 정열이 어느새 당신 속에서 자취를 감추었다면 그것을 다시 일으켜 세워보라. 당신은 누군가의 희망이고 자랑이고 꿈이 될 사람이다. 세상이라는 알을 깨고 당신의 꿈을 향해 달려가라. 누군가가 당신이 걸은 길을 따라 또 다른 꿈을 이룰 것이다.

"스스로 알을 깨면 예쁜 병아리가 되지만 남이 깨주면 철판 위의 계란 프라이가 된다."

당신의 꿈을 응원한다!

| 참고 문헌 |

강수진, 《나는 내일을 기다리지 않는다》, 인플루엔셜, 2013
권율, 《나는 매일 진화한다》, 중앙북스, 2012
대니얼 네틀, 《성격의 탄생》, 김상우 옮김, 와이즈북, 2009
데이비드 로빈슨, 《채플린》, 한기찬 옮김, 한길아트, 2002
데이비드 버스, 《진화심리학》, 이충호 옮김, 웅진지식하우스, 2012
데일 카네기, 《링컨》, 임정제 옮김, 함께읽는책, 2003
레이 크록, 《성공은 쓰레기통 속에 있다》, 장세현 옮김, 황소북스, 2011
로렌 슬레이터, 《스키너의 심리상자 열기》, 조증열 옮김, 에코의서재, 2005
루돌프 줄리아니, 《줄리아니의 리더십》, 루비박스, 2002
리처드 브랜슨, 《내가 상상하면 현실이 된다》, 이장우 옮김, 리더스북, 2007
마이클 레빈, 《깨진 유리창의 법칙》, 김민주 옮김, 흐름출판, 2006
마틴 셀리그만, 《마틴 셀리그만의 긍정심리학》, 우문식 옮김, 물푸레, 2009
말콤 글래드웰, 《블링크》, 이무열 옮김, 21세기북스, 2005
미하이 칙센트미하이, 《몰입의 기술》, 이희재 옮김, 한길사, 2003
셸리 브레이디, 《도어 투 도어 DOOR TO DOOR》, 장인선 옮김, 시공사, 2011
스티브 첸, 《유튜브 이야기》, 한민영 옮김, 올림, 2012
아놀드 조셉, 《역사의 연구》, 홍사중 옮김, 동서문화사, 2007
아론 랠스톤, 《127시간》, 이순영 옮김, 한언, 2011
알랜 줄로, 《마흔 이후에 성공한 사람들》, 황현덕 옮김, 수린재, 2007

앨리스 슈뢰더, 《스노볼》, 이경식 옮김, 랜덤하우스코리아, 2009

엄홍길, 《꿈을 향해 거침없이 도전하라》, 마음의숲, 2008

오카야 코지, 《꿈의 궁전을 만든 우체부 슈발》, 진선출판사, 2004

우에키 리에, 《간파력》, 홍성민 옮김, 티즈맵, 2009

노먼 커즌, 《웃음의 치유력》, 양억관 옮김, 스마트비즈니스, 2007

윌리엄 더건, 《나폴레옹의 직관》, 남경태 옮김, 예지, 2006

은지성, 《직관》, 황소북스, 2012

제임스 글릭, 《천재》, 박병철 옮김, 승산, 2005

조셉 커민스, 《라이벌의 역사》, 송설희 옮김, 맘글빛냄, 2009

질 볼트 테일러, 《긍정의 뇌》, 장호연 옮김, 윌북, 2010

짐 코리건, 《스티브 잡스 이야기》, 권오열 옮김, 명진출판, 2009

찰리 채플린, 《찰리 채플린, 나의 자서전》, 이현 옮김, 김영사, 2007

찰스 두히그, 《습관의 힘》, 강주헌 옮김, 갤리온, 2012

카일 맥도널드, 《빨간 클립 한 개》, 안진환 옮김, 소담출판사, 2008

크리스 브라운, 《아이디어 놀면서 낚아올려라》, 황지영 옮김, 아름다운날, 2008

크리스텔 프티콜랭, 《굿바이 심리 조종자》, 이세진 옮김, 부키, 2012

테드 레온시스, 《행복 수업》, 황혜숙 옮김, 황소북스, 2012

폴 퍼셀라, 《맥도날드 사람들》, 장세현 옮김, 황소북스, 2010

필 듀센베리, 《천만불짜리 아이디어》, 노지양 옮김, 랜덤하우스코리아, 2007

하루야마 시게오, 《뇌내혁명》, 박해순 옮김, 사람과책, 2002

혼다 소이치로, 《좋아하는 일에 미쳐라》, 이수진 옮김, 부표, 2006

황농문, 《몰입》, 랜덤하우스코리아, 2007

내가 꿈을 이루면
나는 누군가의 꿈이 된다

1판 1쇄 발행 2013년 2월 28일
1판 4쇄 발행 2014년 6월 20일

지은이　이도준
발행인　허윤형
펴낸곳　황소북스
주소　서울 마포구 동교동 159-6번지 파라다이스텔 506호
전화　02 334 0173 팩스 02 334 0174
홈페이지　www.hwangsobooks.co.kr
블로그　http://blog.naver.com/hwangsobooks
커뮤니티　http://cafe.naver.com/hwangsobooks
트위터　@hwangsobooks
등록　2009년 3월 20일(신고번호 제 313 - 2009 - 54호)

ISBN 978-89-97092-21-5(13320)

ⓒ 2013 이도준

- 이 책은 황소북스가 저작권자와의 계약에 따라 발행한 것이므로
  본사와 저작권자의 서면 허락 없이는 어떠한 형태나 수단으로도 이 책의 내용을 이용하지 못합니다.
- 잘못된 책은 구입하신 서점에서 바꾸어 드립니다.
- 책값은 뒤표지에 있습니다.

당신은 누군가의 꿈입니까?

꿈과 행복을 응원하는 황소북스의 자기계발서

적도 내 편으로 만드는 대화법
이기주(전 대통령 스피치 라이터) 지음 | 256쪽 | 값 12,800원

다투지 않고 상대의 마음을 얻는 49가지 대화의 기술
백 명의 친구를 사귀는 것보다 한 명의 적을 만들지 마라. 우리는 부모, 자식, 동료, 상사, 부하, 고객, 친구 등 헤아릴 수 없는 관계들로 둘러쌓여 있다. 이 책은 사람들과 새로운 관계를 맺고, 오랫동안 좋은 관계로 유지할 때 꼭 필요한 대화의 방법과 요령에 대해 알려줄 것이다.

새우잠을 자더라도 고래꿈을 꾸어라
김선재 지음 | 224쪽 | 값 13,800원  문화체육관광부 우수교양도서

꿈을 향해 달려가는 이에게 전하는 49가지 감동 메시지
당신의 꿈의 크기가 바로 당신 인생의 크기이다. 이 책의 메시지는 단순하다. 꿈을 가지되 되도록 크게 가지라는 것이다. 크고 원대한 꿈은 생각도 행동도 크게 만든다. 꿈이 크면 그만큼 크게 될 수 있는 확률이 높다. 작은 꿈을 가슴에 품지 마라. 고래는 결코 어항 속에서 살 수 없다.

내가 꿈을 이루면 나는 누군가의 꿈이 된다
이도준 지음 | 224쪽 | 값 13,800원 문화체육관광부 우수교양도서

꿈을 잊고 살아가는 2030 세대에게 전하는 메시지
이 책의 메시지는 단순한다. 꿈을 이루기 위해 앞만 보고 달려가기보다는 누군가의 꿈이 되기 위해 '꿈'을 꾸라는 것이다. 존 고다드, 스티브 잡스, 워런 버핏, 헤르만 헤세, 로맹 롤랑 등 자신의 꿈을 향해 달려가 마침내 꿈을 이룬 사람들의 감동적인 인생 이야기를 담았다.

생각대로 살지 않으면 사는 대로 생각하게 된다 1
은지성 지음 | 232쪽 | 값 13,800원

생각대로 살 것인가, 사는 대로 생각할 것인가?
불우한 환경 속에서도 역경과 고난을 이겨내고 자신만의 삶을 일군 사람들의 가슴 쩡한 인생 이야기. 사는 대로 생각한 것이 아니라 자신의 생각대로 꿈과 목표를 향해 달려가 마침내 그 꿈을 이룬 사람들의 이야기를 통해 실의에 찬 현대인에게 삶과 오늘의 진정한 의미를 묻는다.

황소북스의 책을 만나면 인생이 즐거워집니다

생각대로 살지 않으면 사는 대로 생각하게 된다 2
은지성 지음 | 232쪽 | 값 13,800원

생각을 바꾸면 행동이 변한다. 행동을 바꾸면 인생이 변한다
전작 『생각대로 살지 않으면 사는 대로 생각하게 된다』에 이은 두 번째 이야기. 어려운 환경과 역경 속에서도 신념과 의지를 잃지 않고 자신이 세운 목표를 향해 달려가 마침내 꿈을 이룬 이들의 감동적인 인생 이야기가 펼쳐진다.

생각대로 살지 않으면 사는 대로 생각하게 된다 3
은지성, 이형진 지음 | 232쪽 | 값 13,800원

한 사람의 생각이 세상을 바꾼다. 남과 다르게 생각하고 다르게 행동하라
전작 『생각대로 살지 않으면 사는 대로 생각하게 된다』에 이은 세 번째 이야기. 상상할 수도 없는 삶의 고통과 좌절 속에서 결코 굴하지 않고 꿈을 이룬 사람들의 이야기. 한 사람의 생각이 어떻게 세상을 바꾸고 변화시키는지 경험하게 해준다.

훔쳐라: 원하는 것을 내 것으로 만드는 법
이도준 지음 | 232쪽 | 값 13,500원

유능한 창조자는 모방하고 위대한 창조자는 훔친다
이 책은 처칠, 샤넬, 유재석, 앤더슨 쿠퍼, 힐러리, 안정환, 서머셋 모음 등 위대한 인물들의 생활과 일화 등을 통해 꿈을 만드는 방법, 질문력, 정리정돈, 자신감, 유머, 근검절약, 설득력, 창조력, 부지런함, 자기 확신, 배려심 등 무형의 자산을 훔칠 기회를 제공한다.

직관: 내 안에 숨은 1%를 깨우는 마법의 힘
은지성 지음 | 224쪽 | 값 13,500원

생각대로 살지 않으면 사는 대로 생각하게 된다
"당신의 마음과 직관을 따를 용기를 가져라"는 말을 남긴 스티브 잡스에서부터 아인슈타인, 레이 크록, 에디슨, 리처드 브랜슨, 링컨, 찰리 채플린, 이작 펄만 등 자신의 직관대로 산 위인들의 가슴 찡하고 감동적인 이야기가 실려 있다.

미국의 한국 부자들
송승우 지음 | 264쪽 | 값 13,800원

미국에서 부를 이룬 코리안 GOOD RICH 10인의 백만불짜리 성공학

미국에서 부자가 된 토종 한국인의 성공과 인생 역정을 담은 책. 바이오 회사의 미국 법인장으로 근무하고 있는 저자가 10명의 한국 부자에게 직접 들은 노하우와 부자 되기 비결을 알려준다. 취재와 집필 기간을 비롯해 2년 남짓 걸려 완성한 역작.

행복 수업
테드 레온시스 지음 | 황혜숙 옮김 | 328쪽 | 값 15,000원

억만장자가 전하는 일과 삶에서 눈부신 성공을 이루기 위한 6가지 비법

행복한 사람, 성공한 사람이 되는 것은 미리 정해진 운명이 아니다. 행복과 관련해 필연적인 것은 전혀 없다. 그것은 길고도 긴 학습이자 발견의 과정일 뿐이다. AOL의 전 부회장이자 워싱턴 캐피털스, 워싱턴 미스틱스 등을 소유한 억만장자 테드 레온시스가 전하는 행복의 비밀.

맥도날드 사람들
폴 퍼셀라 지음 | 장세현 옮김 | 320쪽 | 값 15,000원

전 세계 120개국 31000개의 매장을 거느린 맥도날드의 7가지 성공원칙

맥도날드 창업자 레이 크록부터 현 CEO인 짐 스키너까지 8명의 최고경영자들을 비롯한 주요 임원, 매장 운영자 및 원료 공급업자 등 수십 명을 인터뷰한 내용을 바탕으로 맥도날드를 세계 최고의 브랜드로 만든 비밀을 밝히려는 시도를 담은 책.

성공은 쓰레기통 속에 있다
레이 크록 지음 | 장세현 옮김 | 320쪽 | 값 15,000원

맥도날드 창업자 레이 크록의 자서전

자그마한 도시의 일개 레스토랑에 불과하던 맥도날드를 오늘날의 세계적 기업으로 성장시키고, 나아가 프랜차이즈 업계의 혁명을 일으켜 하나의 산업을 창조해낸 레이 크록이 직접 들려주는 놀라운 인생 이야기가 담겨져 있다.